"神话学文库"编委会

主　编

叶舒宪

编　委
（以姓氏笔画为序）

马昌仪	王孝廉	王明珂	王宪昭
户晓辉	邓　微	田兆元	冯晓立
吕　微	刘东风	齐　红	纪　盛
苏永前	李永平	李继凯	杨庆存
杨利慧	陈岗龙	陈建宪	顾　锋
徐新建	高有鹏	高莉芬	唐启翠
萧　兵	彭兆荣	朝戈金	谭　佳

"神话学文库"学术支持

上海交通大学文学人类学研究中心

上海交通大学神话学研究院

中国社会科学院比较文学研究中心

陕西师范大学人文社会科学高等研究院

上海市社会科学创新研究基地——中华创世神话研究

"十二五""十三五"国家重点图书出版规划项目
第五届、第八届中华优秀出版物奖获奖作品

神话学文库
叶舒宪 主编

[日]吉田敦彦 ◎ 著
唐卉 况铭 ◎ 译

日本神话的考古学

AN ARCHAEOLOGICAL STUDY OF JAPANESE MYTHOLOGY

陕西师范大学出版总社

图书代号　SK23N1145

陕版出图字:25－2013－224

图书在版编目(CIP)数据

日本神话的考古学/(日)吉田敦彦著；唐卉，况铭译.—西安：陕西师范大学出版总社有限公司,2023.10
(神话学文库/叶舒宪主编)
ISBN 978－7－5695－3680－5

Ⅰ.①日… Ⅱ.①吉… ②唐… ③况… Ⅲ.①神话—研究—日本 Ⅳ.①B932.313

中国国家版本馆 CIP 数据核字(2023)第 110375 号

日本神话的考古学
RIBEN SHENHUA DE KAOGUXUE

[日]吉田敦彦　著
唐　卉　况　铭　译

出 版 人	刘东风
责任编辑	邓　微
责任校对	王丽敏
出版发行	陕西师范大学出版总社
	(西安市长安南路 199 号　邮编 710062)
网　　址	http：//www.snupg.com
印　　刷	中煤地西安地图制印有限公司
开　　本	720 mm×1020 mm　1/16
印　　张	14.25
插　　页	4
字　　数	182 千
版　　次	2023 年 10 月第 1 版
印　　次	2023 年 10 月第 1 次印刷
书　　号	ISBN 978－7－5695－3680－5
定　　价	88.00 元

读者购书、书店添货或发现印刷装订问题,请与本公司营销部联系、调换。
电话:(029)85307864　85303635　传真:(029)85303879

"神话学文库"总序

叶舒宪

　　神话是文学和文化的源头,也是人类群体的梦。

　　神话学是研究神话的新兴边缘学科,近一个世纪以来,获得了长足发展,并与哲学、文学、美学、民俗学、文化人类学、宗教学、心理学、精神分析、文化创意产业等领域形成了密切的互动关系。当代思想家中精研神话学知识的学者,如詹姆斯·乔治·弗雷泽、爱德华·泰勒、西格蒙德·弗洛伊德、卡尔·古斯塔夫·荣格、恩斯特·卡西尔、克劳德·列维-斯特劳斯、罗兰·巴特、约瑟夫·坎贝尔等,都对20世纪以来的世界人文学术产生了巨大影响,其研究著述给现代读者带来了深刻的启迪。

　　进入21世纪,自然资源逐渐枯竭,环境危机日益加剧,人类生活和思想正面临前所未有的大转型。在全球知识精英寻求转变发展方式的探索中,对文化资本的认识和开发正在形成一种国际新潮流。作为文化资本的神话思维和神话题材,成为当今的学术研究和文化产业共同关注的热点。经过《指环王》《哈利·波特》《达·芬奇密码》《纳尼亚传奇》《阿凡达》等一系列新神话作品的"洗礼",越来越多的当代作家、编剧和导演意识到神话原型的巨大文化号召力和影响力。我们从学术上给这一方兴未艾的创作潮流起名叫"新神话主义",将其思想背景概括为全球"文化寻根运动"。目前,"新神话主义"和"文化寻根运动"已经成为当代生活中不可缺少的内容,影响到文学艺术、影视、动漫、网络游戏、主题公园、品牌策划、物语营销等各个方面。现代人终于重新发现:在前现代乃至原始时代所产生的神话,原来就是人类生存不可或缺的文化之根和精神本源,是人之所以为人的独特遗产。

可以预期的是，神话在未来社会中还将发挥日益明显的积极作用。大体上讲，在学术价值之外，神话有两大方面的社会作用：

一是让精神紧张、心灵困顿的现代人重新体验灵性的召唤和幻想飞扬的奇妙乐趣；二是为符号经济时代的到来提供深层的文化资本矿藏。

前一方面的作用，可由约瑟夫·坎贝尔一部书的名字精辟概括——"我们赖以生存的神话"（Myths to live by）；后一方面的作用，可以套用布迪厄的一个书名，称为"文化炼金术"。

在21世纪迎接神话复兴大潮，首先需要了解世界范围神话学的发展及优秀成果，参悟神话资源在新的知识经济浪潮中所起到的重要符号催化剂作用。在这方面，现行的教育体制和教学内容并没有提供及时的系统知识。本着建设和发展中国神话学的初衷，以及引进神话学著述，拓展中国神话研究视野和领域，传承学术精品，积累丰富的文化成果之目标，上海交通大学文学人类学研究中心、中国社会科学院比较文学研究中心、中国民间文艺家协会神话学专业委员会（简称"中国神话学会"）、中国比较文学学会，与陕西师范大学出版总社达成合作意向，共同编辑出版"神话学文库"。

本文库内容包括：译介国际著名神话学研究成果（包括修订再版者）；推出中国神话学研究的新成果。尤其注重具有跨学科视角的前沿性神话学探索，希望给过去一个世纪中大体局限在民间文学范畴的中国神话研究带来变革和拓展，鼓励将神话作为思想资源和文化的原型编码，促进研究格局的转变，即从寻找和界定"中国神话"，到重新认识和解读"神话中国"的学术范式转变。同时让文献记载之外的材料，如考古文物的图像叙事和民间活态神话传承等，发挥重要作用。

本文库的编辑出版得到编委会同人的鼎力协助，也得到上述机构的大力支持，谨在此鸣谢。

是为序。

中 文 版 序

吉田敦彦

《日本神话的考古学》由本人的两本拙著合并而成，一本是1976年出版的《日本神话的源流》，另外一本是1984年刊行的《神话的考古学》。现在，两本书合为一册，收录于叶舒宪先生主编的"神话学文库"当中。中文译本即将问世，作为原著的作者，我感到荣幸之至。欣慰之余，衷心地感谢两位翻译者唐卉女士和况铭先生，感谢积极促成此项工作的相关人员，并向尽心尽力协助中译本出版的陕西师范大学出版总社的邓微女士表达敬意。

日本最古老的文献《古事记》和《日本书纪》作为历史书编纂于公元8世纪初，从那时起，日本神话一直流传到现在。我认为，书中记录的神话原型，属于当时的统治者力图说明的大和朝廷起源传说。这些传说是由公元4世纪到6世纪之间的古坟时代初期的故事整理总结而成。当时，与日本接触最为频繁的是朝鲜半岛。因此，日本神话理所当然地受到了这一地域的强烈影响，从而形成本土神话的最初形态。

彼时的朝鲜半岛，高句丽、新罗和百济三大强国鼎立，它们皆受到了活跃在亚欧大陆一带的骑马游牧民族斯基泰人文化的深刻影响。另外，那些斯基泰人，曾经通过黑海沿岸的一些希腊都市积极地与古希腊进行交流。不仅如此，他们还与比希腊更西边的凯尔特人或日耳曼人接触。所以，斯基泰人的神话，摄取了大量的以古希腊神话为主的欧洲神话的成分。由此，日本神话实际上是经由朝鲜半岛从斯基泰人那里传承而来。本书旨在说明日本神话中存在着大量的与希腊神话以及欧洲其他神话具有显著类似的因素。

当然，对日本产生最为强大影响的，自不必说是中国文化。这种影响从古老的绳文时代到弥生时代数千年的时间长河里一直没有间断。尤其是中国长江以南的江南地区，大量的农作技术相继传到日本。首先是在旱田里栽培芋头，然后是培育旱稻及其他杂粮。到了弥生时代，在水田里耕作水稻的技术开始传到日本。正是这些传播，才最终建构出持续至今的日本文化坚固的基础。受中国文化的影响，日本神话当中富含大量的经由中国南部传播而来的神话故事。

然而，如何具体地考证这一历史事实却面临很大的困难，因为我们无从知晓，日本弥生时代或者更早的相应时期里，曾经存在着怎样的中国江南地区神话。

迄今，诸多学者就相关问题进行了研究，一方面将自云南、贵州等中国西南部到印度的阿萨姆地区①以及中南半岛一带的神话进行比较，另一方面比较中国台湾地区和其他生活在南太平洋岛屿上的居民的神话。学者们通过不懈的努力，力图证明日本神话自古就受到了中国的影响。从以上两个地区看，从中国江南地区传播至日本的神话想必仍然以相同或相似的形式保留至今，这种可能性非常大。如果我们以这样的方式思考的话，那么可以明确：日本神话特别是伊邪那岐和伊邪那美出场部分以及山幸彦同海幸彦之间争斗等故事，的的确确受到了与之情节相近的中国南部传说的强烈影响。

另外，在日本神话当中，称得上占据中心位置的故事是建速须佐之男命与太阳女神天照大御神的事件。建速须佐之男命胡作非为，惹怒了太阳女神，她躲进天之岩屋不再出来，于是世界一片黑暗。众神绞尽脑汁，将太阳女神从岩屋中引出来，从而令世界重现光明。如果将这则天之岩屋的故事与中国贵州省苗族和阿萨姆地区的那伽族神话等进行比较的话，可以认为，它极有可能受到了来自中国南部的神话的影响。正如本书所介绍的那样，居住在中国云南省西部山地、说孟－高棉语（Mon-Khmer）的布朗族，其神话当中就存在着同样的故事：太阳女神躲进岩屋当中，世界陷入一片昏黑。为了将女神劝说出来，让世界重新洒满阳光，大家献计献策。这个故事在许多情节上都与日本的天之岩屋神话如出一辙。这一点在本书中已经指出。据此，日本神话最为核心的部分，毫无疑问，受到了中国南部神话的影响。

今后，中国和日本的神话研究将更多地对话和互补，因为两国在神话领域自古就具有千丝万缕的密切关联。我认为，随着时间的推移，这一关联将愈发拨云见日、清晰可辨。在此意义上，值此中译本面世之际，我真心地希望并由衷地祝愿使用相同文字的两国国民能够保持亲密的感情，缔结更为坚韧的友谊。

2013 年 9 月于东京

---

① 位于印度东北部，该地区多雨，盛产茶叶。居民主要属于印度－伊朗及亚洲人种，广泛使用的语言是阿萨姆语。——译注

目 录

日本神话的源流

第一章　为什么对日本神话进行比较研究 /003

　第一节　风吹成堆的文化 /003

　　一、三个方向而来的传播途径 /003

　　二、从多元文化发展到独特的文化 /004

　第二节　史前文化的多样性起源 /005

　　一、五个种族的文化 /005

　　二、冈先生学说的意义 /008

　第三节　比较神话学的必要性——探寻神话的深层次意义 /010

第二章　日本神话与南太平洋神话的比较 /012

　第一节　日向神话与印度尼西亚 /012

　　一、海幸彦与山幸彦 /012

　　二、丢失的鱼钩 /016

　　三、南太平洋神话与日向神话的共同点 /018

　　四、香蕉与木之花 /019

　　五、火中的生产 /021

　第二节　波利尼西亚与伊邪那岐・伊邪那美神话 /022

　　一、垂钓岛屿型神话 /022

　　二、诞生岛屿型神话 /024

　　三、访问死者之国 /024

第三章　神的被杀害与农耕的起源 /027

　第一节　大宜都比卖神话和哈伊奴维丽（ハイヌウェレ）神话 /027

一、从神的尸体中产生谷物 /027

二、大宜都比卖与哈伊奴维丽 /029

三、哈伊奴维丽型神话的世界观 /031

四、玛幺（マヨ）的祭祀仪式 /032

五、从自然到文化 /034

六、猎头、吃人的意义 /036

第二节 哈伊奴维丽神话和绳文农耕 /036

一、日本古栽培民文化 /036

二、绳文土偶之谜 /038

三、绳文农耕说 /040

四、哈伊奴维丽型神话的反映 /040

第四章 日本神话与亚洲东南部地域神话的比较 /044

第一节 海幸彦·山幸彦神话与中国江南 /044

一、作为传播路径的亚洲东南部地域 /044

二、同龙女结婚 /045

三、洛奇赞王子的传说 /047

四、山与海的对立 /048

五、吴越之争＝海陆之争 /050

六、异常的潮汐 /051

七、二元论的世界 /052

第二节 鱼化身为陆地和残疾儿的出生 /052

一、鱼变陆地 /052

二、漂浮的蓬莱山 /054

三、鱼类岛屿型神话 /055

四、兄妹婚与残疾儿的出生 /056

五、洪水神话 /057

六、伏羲女娲神话 /058

第三节 谷物的起源与日食 /060

一、火田农耕的反映 /060

二、哈伊奴维丽型神话的变形 /061

三、大宜都比卖神话的原型 /062

四、引诱太阳出来 /063

五、日食·月食神话 /065

第五章　日本神话与希腊、斯基泰的比较 /067

第一节　日本神话与希腊神话之间奇妙的类似 /067

一、比较文学的新分野 /067

二、俄耳甫斯与伊邪那岐 /068

三、和毛利神话之间微妙的差异 /068

四、触犯冥府的禁忌 /069

五、只有两种俄耳甫斯型神话 /070

六、巴玻与天宇受卖命 /071

七、德墨忒耳神话的异传 /072

八、天照大御神与德墨忒耳的一致 /073

第二节　有关斯基泰神话的问题 /075

一、作为媒介者的斯基泰人 /075

二、希罗多德的斯基泰神话 /076

三、斯基泰的三种神器 /078

四、日本的三种神器 /079

五、奥赛梯人的那鲁特叙事诗 /080

六、英雄·名家的起源 /082

七、对日本神话的影响 /084

第三节　那鲁特叙事诗与希腊神话 /085

一、萨塔娜的故事 /085

二、那鲁特叙事诗与俄耳甫斯神话 /087

第四节　那鲁特叙事诗与朝鲜 /090

一、希腊神话的影响 /090

二、高句丽的建国神话 /090

三、朱蒙传说与那鲁特叙事诗 /092

　　四、母神传说 /093

第六章　日本神界的三种功能的构造 /095

第一节　三种功能与日本神界的构造 /095

　　一、日本神话的思想体系 /095

　　二、五部神的作用 /095

　　三、天神地祇所代表的意义 /096

　　四、三大神的性格 /097

第二节　日本的神话世界与印欧语族的古老神话世界 /100

　　一、三人一组的主神格 /100

　　二、印欧语系的主权神集团 /101

　　三、日本三人一组的主神格 /103

　　四、战士的功能 /104

　　五、第三种功能之神 /105

第三节　三功能体系与朝鲜 /106

　　一、朝鲜是否存在三功能体系 /106

　　二、檀君神话 /107

　　三、高句丽的三王 /108

　　四、三功能体系的证据 /109

参考书目 /111

神话的考古学

第一章　日本神话与希腊神话之间奇妙的类似 /115

　一、试图将妻子带回人间而造访冥府的俄耳甫斯与伊邪那岐 /115

　二、因为吃了死者之国的食物而成为冥府女主人的珀耳塞福涅与伊邪那美 /119

　三、暴露女性性器官而平息女神愤怒的巴玻与天宇受卖命 /121

四、受到马匹侵辱而愤怒的德墨忒耳与天照大神 /123

五、因爱生恨而被野猪杀死的大国主命与阿多尼斯 /125

六、美男子阿多尼斯与大国主命的死与复活 /128

第二章　黄金的骑马民族，斯基泰人的活跃 /130

一、诞生于天神与水神女儿联姻的斯基泰与日本的王室 /130

二、斯基泰与日本王室拥有的三种神器 /132

三、高句丽神话中也能发现斯基泰神话的影响 /134

四、关于三种神器所代表的理想的王权的想法 /136

五、希腊、高句丽、日本共通的母神崇拜 /139

六、斯基泰神话中也能看到的被马匹侵辱的女神的传说 /142

七、与奥赛梯传说相似的日本神话和高句丽神话 /144

第三章　在绳文时代能够看到的农作物起源神话 /149

一、从被杀死的神的尸体上产生的农作物 /150

二、与日本神话极其相似的魏玛勒族的作物起源神话 /152

三、与美洲原住民的玉米起源神话的类似 /154

四、新几内亚原住民的血腥仪式 /156

五、绳文时代的日本曾经栽培过薯类的可能性 /160

六、使用土偶充当被杀死女神的仪式 /162

七、产生作物时不可或缺的精液的力量 /164

八、绳文时代就已经存在的食用性植物的起源神话 /167

第四章　照叶树林文化与古代日本 /170

一、猎头与食人的风俗所拥有的重大意义 /171

二、亚洲东南部地域照叶树林带与日本之间的关联 /174

三、曾经也存在于日本的猎头与食人的习俗 /178

四、曾经是照叶树林带一部分的绳文时代的日本 /180

五、因天邪鬼或山姥的血而变红的火耕作物 /182

六、由乳汁而来的白米和由血液而来的赤米 /186

七、瓜子姬的原型和日语的起源 /188

第五章　日本神话在世界中的位置和特色 /191

一、众人协力将藏在岩屋中的太阳呼唤出来的传说 /192

二、与伊邪那岐·伊邪那美神话十分相似的中国台湾和中国西南部的洪水神话 /193

三、从伊邪那岐·伊邪那美神话中看到的与作物起源神话间的共通点 /196

四、希腊神话、东南亚神话以及日本神话 /198

五、否认日本神话作为神话的学说的误点 /204

附录一 /207

附录二 /209

附录三　吉田敦彦与日本比较神话学 /211

日本神话的源流

第一章　为什么对日本神话进行比较研究

第一节　风吹成堆的文化

一、三个方向而来的传播途径

自古以来，日本文化，常常被形容为从古至今"风吹成堆的文化"。使用"风吹成堆"这样的词，如果站在接受一方立场的话，似乎会感受到一种对日本文化进行侮辱性批评的语感。读者之中也必定有人对于使用这样的语言来修饰日本文化而产生强烈的抵触情绪吧。

但是，事实上如果我们虚心地翻开一张世界地图，然后观察日本列岛所处位置的话，暂且撇开价值取向不谈，单就"风吹成堆的文化"这一修辞而言，我们难道不应该肯定它的确恰如其分地捕捉到了日本文化成立的真相的某一方面么？

日本列岛的北部、西部和西南部三个方向，分别与亚欧大陆的北部、中部以及南部的东端有着联络的可能性，后者在风土、文化上都极具鲜明特色。也就是说，日本列岛的北部，经由千岛群岛、库页岛（萨哈林岛）、沿海州[①]，进而与具有发达狩猎文化的亚欧大陆北方的森林地带有所接触。西边的本州岛和九州岛以朝鲜半岛为媒介，与自古以来就活跃在中国东北地区、蒙古、哈萨克斯坦、俄罗斯南部等亚欧大陆·干草原地带的以养马为特征的彪悍的游牧民族——"骑马民族"有接触。而西南方向，通过朝鲜半岛南部，或者有可能直接与从中国中南部经由中南半岛直到印度这一亚洲东南部的季风气候区域的定居农耕民族、渔猎民族有接触。

日本列岛，尤其是九州岛的南部，由一个个延绵不绝的小岛组成，通过这些小岛以及与小岛并行的势力庞大的黑潮海流，可以和中国台湾以及菲律宾接

[①] 俄罗斯东南部，黑龙江、乌苏里江和日本海所环绕的地区。日本称为"沿海州"。——译注

触,也有可能受到了来自印度尼西亚群岛等漂浮在南太平洋上的所谓"南洋"或者"大洋洲"的民族迁移及其文化的影响。因为日本列岛的东方是浩瀚无垠的太平洋,所以通过各种路径由大陆、南洋方面传播到日本的民族移动以及文化传播的洪流到此为止,并没有再经过日本得以向更远的东方传播。

正因为日本列岛占据如此特殊的地理位置,所以来自北、西、南三个方向的移民来到日本,三个方向的文化在此传播,在此滞留。其造成的结果是日本古往今来不断接受外来文化,长时间地保存这些外来文化的同时,也将它们与日本的风土或者原本的文化传统进行同化,周而复始地重复着这一可以称为"日本式的"独特的过程。日本民族在最短的时间内摄取外来文化,就这一点而言,世界诸民族中的确没有出其右者,这就是耳熟能详的日本民族特性。这一有别于其他民族的特性,正是在我们祖祖辈辈就不断重复地吸收外来文化的过程中慢慢形成的。

在日本文化的历史上,日本总是如饥似渴地摄取外来文化,在古代吸收的是朝鲜和中国文化,间接的还有印度文化,近代以来则是欧美文化,而如前述那种意义上的所谓"风吹成堆的文化"的性格,其渊源在更为久远的无文字时代就已经开始了。

就连我们平常使用的叫作"日语"的语言,依照学界日益形成的定论,与今日南洋的原住民所说的语言——"南岛语系"的"基语"具有某种亲缘关系[①],日语很有可能曾受到来自中亚草原地带的阿尔泰语系语言的强烈影响而最终形成的一门语言。

二、从多元文化发展到独特的文化

对日本的史前文化,即新石器时代之后一段时期的文化,考古学者按时间顺序大体分为三个:绳文时代文化、弥生时代文化和古坟时代文化。如果我们将这三个文化与日本周边同时代存在的史前文化进行比较的话,可以清楚地看出文化的差异缘于不同的地域,而区域相邻的文化在起源上多多少少存在着关联。

比如说绳文时代文化,虽然本书后半部分会论述它在中期以后受到其他文化的影响,然而至少从其起源上看,最为显著的影响来自亚欧大陆北方的渔猎文化。与此对应的弥生时代文化,通常的观点认为与从中国江南地区到东南亚的这一季风地带发达的稻作文化有着密切的关系。还有,古坟时代文化就其基本性质而言,具有和草原地带饲养马匹的游牧民族文化共通的特点。

---

① 基语,相当于同一系统几种语言的祖先,这句话是一种推测。

当然，在承认日本史前文化具有多元性的同时，我们也不能忽略日本文化的独特性。这是不容否认的事实，每个时代吸收的外来文化要素，几经沉浮，最终适应了日本这个国家的风土，形成了独特的形态，使日本列岛上的文化有别于世界上任何一个地区的文化。从这个角度上说，弥生时代的铜铎①和古坟时代的前方后圆坟就是最显著的例子，它们虽然接受了外来要素，但在日本却形成了其他地区都不具备的新型文化。因此，日本史前时代的遗迹或者遗物给予我们的心灵震撼与诞生于其他文化的美感引发的触动截然不同，一股莫名的思古之幽情占据了我们的心灵空间。别的文化产生的杰出艺术品，无论怎样出类拔萃，仍然在某些地方和日本人的审美意识有所抵触，完全不能拨动我们的心弦。举例来说，在谈到西洋文化的时候，给人的印象一般都是"洋味十足"。与此相反，"土得掉渣"的文化带来的却是别样风采：我们可以从铜铎或者前方后圆坟的优美曲线中直观地感受到一种完美形态，因为它们出自那些在体态、气质和审美感觉上与我们完全一致的先人之手。

绳文前期人头形陶塑，距今约6000年，日本千叶县出土，日本印旛郡市文化财产中心藏

第二节　史前文化的多样性起源

一、五个种族的文化

　　民族学者冈正雄先生对我们所熟悉的日本史前文化进行了多元性与复合型

---

① 日本弥生时代的青铜器，高10—140厘米，通常用来作为祭祀器皿。铎身带有扁形半环状的纽，外形呈钟状，横剖面为扁圆形。两面有装饰性花纹及原始特色的绘画。以近畿地方为中心的中部地方、中国地方、四国地方等地出土铜铎共约400件。——译注

的认证，在此基础上区分了自绳文时代中期以来流入日本列岛的主要的文化复合体，致力于复原其中的内容。冈先生的研究结果赋予日本文化的成立的问题一个假说性的展望，属于一个规模宏大的构想。

根据冈先生的推测，史前时代的日本列岛上至少存在五个不同种族，由起源上相异的"种族文化复合体"渡海来到日本，这五个种族分属于以下五种文化：

1. 母系社会的·秘密结社的·薯类栽培＝狩猎民族文化
2. 母系社会的·旱稻栽培＝狩猎民族文化
3. 父系社会·氏族的·旱作＝狩猎民族文化
4. 男性的·年龄阶梯制的·水稻栽培＝捕捞民族文化
5. 父权的·"姓氏"氏族的·支配者文化

归纳起来，以上五种所谓的"种族文化复合体"渡海来到日本的时期以及内容大致如下：

第一种文化，与塔罗芋头[①]、番薯等薯类栽培的低级农业（在烧田[②]里运作的最原始形态的农耕）相伴而生的狩猎采集型文化，与美拉尼西亚原住民的文化有着诸多惊人的相似性。不过，要说这类文化是从美拉尼西亚直接渡海来到日本，又完全没有根据。极有可能是从亚洲大陆沿海的某一地区分化为两支，一支朝南洋方向发展，另一支则最终进入日本列岛，这种假设较为妥当。通常认为，后一支文化进入日本大约在绳文时代的中期刚开始的阶段。之所以这么认为，是因为绳文时代中期以后出现在日本的乳棒状石斧、棍棒式石环、石碟、繁缛的土器形态和纹路、旋涡纹路的盛行以及土偶、土面具、集落构造等诸多方面的文化要素都与美拉尼西亚原住民的物质文化有着明显的对应性。据冈先生分析，这一文化中诞生的要素依旧残存于日本国的各类民俗之中。这些民俗特别重视芋头，比如类似男性秘密结社的生剥[③]祭祀，将塔罗芋头一类的薯类作为正月祭奠的食物等等。

第二种文化，大约是在绳文时代的末期渡海传播到日本的。狩猎生活的同时，人们也会在山地丘陵的斜面上开辟烧田、栽培旱稻。这一类型文化的拥有者所操的语言属于南亚语系，这类文化的特征通常体现在对太阳女神即天照大神的崇拜，存在家族性的或者是村落性的萨满，起到祭祀作用的女性支配者等等。

[①] 芋头的一个品种，指野芋，在热带地区的潮湿地、旱田、水田等地栽培，是大洋洲群岛居民的主食。"塔罗"是波利尼西亚语。——译注

[②] 烧田，指的是烧掉杂草杂木之后种上农作物的田地。——译注

[③] 即迎神节。日本秋田县男鹿半岛等地通常于正月十五日的晚间举行的民俗活动。也指在活动中头戴面具、身穿蓑衣的年轻人。参考本书第 037 页。——译注

在日本古时的仪式规范中，母亲被称为 iro·ha，同母的哥哥为 iro·e，同母的姐姐为 iro·ne，同母的弟弟为 iro·to，同母的妹妹为 iro·mo，同母的兄弟为 iro·se，这些称呼用语的共同点就是都是同一母亲族群间的称呼，而在男性一支诸如关于父亲或者丈夫的词汇中，从来没有发现含有"iro"这个语言要素。冈先生据此认为古代日本曾经存在过使用"iro"这个名称的母系亲族集团。这个所谓的"同系同母血族集团"无疑是属于母系社会的，由第一种文化或者第二种文化带到日本来的。

第三种文化，除了栽培烧田形式的谷子和黍等杂谷之外，还以狩猎为业。这一文化被认为是由一支属于通古斯系统的种族在弥生时代的初期经由中国东北、朝鲜半岛带到日本来的，并且这一种族也被认为是首个将阿尔泰语系的语言带入日本国的种族。进一步来说，被认为是弥生文化中的一些北方要素，比如梳纹陶器①、用以采摘谷物穗的半月形石器等物品也都是这个文化带到日本来的。冈先生更进一步地指出，日语当中一连串表示同族集团的词，如 ukara,yakara,harakara 等都含有共同语言要素 kara = hara。这个语言来自通古斯语族中表示族外婚制父系同族集团的 hala，这些原本都属于第三种文化类型。

第四种文化，是构成弥生文化主体的重要文化类型，因为早在公元前5至前4世纪，位于长江入海口以南的沿海地域的吴国和越国灭亡，国破家亡引发了民族大迁徙，其中的一支移民渡海来到日本。此种文化很有可能属于南亚系统某个种族文化，就是它将弥生文化中的诸多南方要素带到日本列岛的。不仅有水田耕作，还有先进的捕捞技术和木板船制作技术等，因为这个文化本身就擅长沿岸渔业。就社会组织而言，时至今日我们依旧能在关东以南的沿海渔村看到一种叫作年龄阶梯制（根据年龄和世代来区分社会阶层的社会组织结构）的制度，这个制度被公认为是此种文化的固有形式。除此之外，诸如修建青年屋、女儿屋、寝室、产房、月经房、丧屋等不同功能的独立小屋的习惯也是这一文化特有的。

第五种文化，是以天皇氏族为中心，将统治阶层的王族文化和国家支配体制带入日本列岛的种族文化。这一种族原本与属于第四种文化主体的种族是同一体系同一性质的，但是由于起先受到来自西部地区的阿尔泰游牧骑马民族的征服，继而呈现国家组织的雏形，最终在中国东北南部形成新的种族，并于公元1世纪前后开始南下，在朝鲜半岛南部作短暂停留之后，于公元3世纪和4

---

① 梳纹陶器，用梳齿状刻纹工具刻出花纹的陶器。——译注

绳文时代火焰状陶钵，距今 3500—4500 年，日本东京国立博物馆藏

世纪渡海来到日本。就社会构造的特征而言，此种文化拥有大家族·氏族·种族这样的三段竖直型的种族构造。诸如父系氏族制、军队体制、王朝制、氏族长老议会制、奴隶制、氏族职务等级制，不同的职业集团，特别是锻冶集团，依据社会构造和军队构造将氏族甚至种族划分为五个部分的"五个组织"等等，都是这个文化所特有的。再者，从宗教上看，这一种族文化的特征是具有天神崇拜、父系祖先崇拜、职业性萨满等要素。简言之，此种文化的所有特征在本质上均和亚欧大陆草原地带游牧民族的文化完全一致。

二、冈先生学说的意义

以上的介绍可能多少有些冗长，其实冈正雄先生的这个学说，仅仅是依据很少的一点资料就大胆地展开的一个理论。但是因为其中包含了过多假说性的部分，伴随着今后研究的推进，必须进行大幅度的修正。并且依据冈先生的学说，已经出现了像大林太良先生、佐佐木高明先生等在很多点上对此进行部分补正的学者。然而不得不承认，时至今日还没有出现一个能够完全取代冈先生学说的著述出现，冈先生提出的学术观点如此绵密，对日本文化的多元起源的过程给予了综合性设想。

就连冈先生本人也曾明确地表示，希望自己这个大胆的推测能够在将来研究的帮助下，从细节上得到正误与否的论证。

日本学术界有一批人仍然固执地认为，就算绳文时代以来的日本人确实接受了外来文化的影响，但是就其种族而言，从根本上并没有发生任何的改变。他们坚持认为哪怕文化发生了重大的改变，这种新的文化要素也绝对不可能是由异族渡海带过来的。冈先生学说的重大贡献之一就是针对以上顽固不化的想当然敲响警钟，从而让学术界承认史前时代的日本文化确实是经过了起源各异的诸多种族文化的积累混合而成的。五个不同种族文化曾经相互融合，这一学说的重要性不言自明，截至目前，作为一种假说，在其他研究人员的努力下渐渐被人们承认。即便日后的研究，多半也是遵循冈先生的学说，在大前提不变的情况下，直击要害进行讨论，只不过是对其观点进行部分性的修正罢了。

从这个意义上说，对于今天试图研究日本史前文化的所有学者而言，冈先生的学说作为基本假说，不管从何种角度上都是需要优先参考的。

绳文时代人形纹陶壶，距今3000—3500年，日本东京国立博物馆藏

第三节　比较神话学的必要性——探寻神话的深层次意义

如果我们承认日本的史前文化确实是经过如此之多起源要素的积累混合而成的话，那么当我们开始思考日本神话形成过程之际，我们自然就不得不预想日本神话之中也必然包含着起源各异的诸多要素。渡海而来的诸多文化要素，与其他的文化要素一道化为日本神话的固有成分。

自明治时期以来，以高木敏雄为首的一批先学对日本神话展开了比较神话学研究。他们将日本神话与周边其他民族的神话进行比较，弄清楚其中所包含的诸多要素的起源和系统。第二次世界大战爆发之前，这一研究已经通过松元信广先生、三品彰英先生等人的努力取得了非凡的成果。战后，特别是在1950年之后，有关这方面的研究进入一个十分活跃的时期。

之前已经介绍过冈先生的学说，即使从民族学的立场而言，有必要对日本神话进行比较神话学研究，具有重要的启示和意义。冈先生本人也曾经尝试过将五个不同的种族文化融合型与构成日本神话的要素进行结合研究。比如从大宜津姬神和保食神的尸体上面产生了谷物种子的神话，天照大神隐藏在岩屋之中的神话，伊邪那岐·伊邪那美的神话，等等，都是通过第二种文化类型被带入日本的。将高御产巢日神视为主神，天孙降临神话，或者是八咫鸟[①]以及金鹞[②]十分活跃的神武建国神话等，则是通过第五种文化类型被带入日本的。冈先生由此指出在日本固有文化中存在两种不同的信仰形态，分别是：

1. 神灵身处天上，降临人间的形式是降落到山上、森林中、树梢间。神灵的出现表现出一种垂直型的信仰形态。

2. 祖先——祖灵——死者——异形人类·戴着面具和乔装打扮的人，神灵从远方而来访问村落。此类型的信仰对象表征更加具象，但是形式不固定。神灵的出现表现出一种水平型的信仰形态。

前一种信仰形态大概通过第三种文化被带入日本，而后一种则被认为是第一种文化的固有要素。

松村武雄先生和大林太良先生将如上所示的冈先生的见解吸收到了日本神

---

① 八咫鸟，日本神话中神武天皇东征时出现的神鸟，也说乌鸦。据传在天皇军队从熊野进入大和时，此鸟曾经为军队带路。——译注

② 金鹞，在日本建国传说中出现的金色老鹰。神武天皇东征之时曾助天皇军队一臂之力。——译注

话的比较神话学研究的范畴中来，从而使之得到了进一步的发展。

如此这般，在本书的概述部分我们得以确认的就是日本的民族文化混合了起源各异的诸多种族的要素，从而成型。因此，本书中的一个核心问题，即日本神话必然包含着诸多起源各异的要素在内。我们最终在研究日本神话的时候，要依靠历史学和文献学研究，它们主要考察的是日本神话在日本内部的形成和编辑过程，除此之外，借助比较神话学来研究其与外部地域的关系、起源、系统等问题也是不可或缺的。这样的比较神话学的方法，不单单可以研究单个的神话起源的要素、系统，更为重要的是，还可以帮助我们理解神话的整体构造或者是隐藏其中的深层次的宗教意义。

绳文晚期人形陶俑，日本山形县出土，日本奈良国立博物馆藏

第二章　日本神话与南太平洋神话的比较

第一节　日向神话与印度尼西亚

一、海幸彦与山幸彦

将日本神话与世界其他诸民族的神话进行比较，最初吸引很多人目光的自然是《古事记》和《日本书纪》这些书中记载的一系列日本古典神话。通过比较发现，日本神话当中包含着相当多的与在波利尼西亚、密克罗尼西亚以及印度尼西亚等散布在南太平洋上的大大小小的岛屿上采集来的那些原住民的神话极其一致的要素，其中尤其突出的是以海幸彦·山幸彦的神话为中心而构成的所谓的"日向神话"这个部分，它记叙了从迩迩艺命[①]到神武天皇的父亲鸬鹚草葺不合尊这三代都居住在日向[②]的皇室祖先的故事，以及以伊邪那岐·伊邪那美为主人公的神话与南太平洋的传承之间更是存在着极其相似的要素。另外，日向神话与伊邪那岐·伊邪那美神话当中重要的部分都是以大海为背景展开的，因此日本神话与海洋的联系异常显著。曾经有很多人认为日本神话中的这些要素都是由南太平洋的这些岛屿开始，然后沿着黑潮海流传播过来的。

海幸彦·山幸彦的故事广为人知，我们将其大致的内容归纳如下：

　　天孙迩迩艺命降临日向高千穗的山峰，与土地神大山祇神的女儿木花之佐久夜姬结婚并且生下了三个儿子。长男名叫火照命，擅长钓鱼，通称海幸彦；小儿子名叫火远理命，总是背着弓箭在山野上奔跑，擅长捕猎，通称山幸彦。哥哥的钓钩可以捕获大海中所有海味，弟弟的弓箭能够猎取山野中所有山珍。有一天，小弟弟向大哥哥说："每天做同样

[①] 天照大神的孙子，天之忍穗耳命的儿子，奉天照大神之命，手持三种神器率领众神从高天原降临高千穗峰。——译注

[②] 日向，日州。日本的旧国名之一，大体相当于宫崎县。——译注

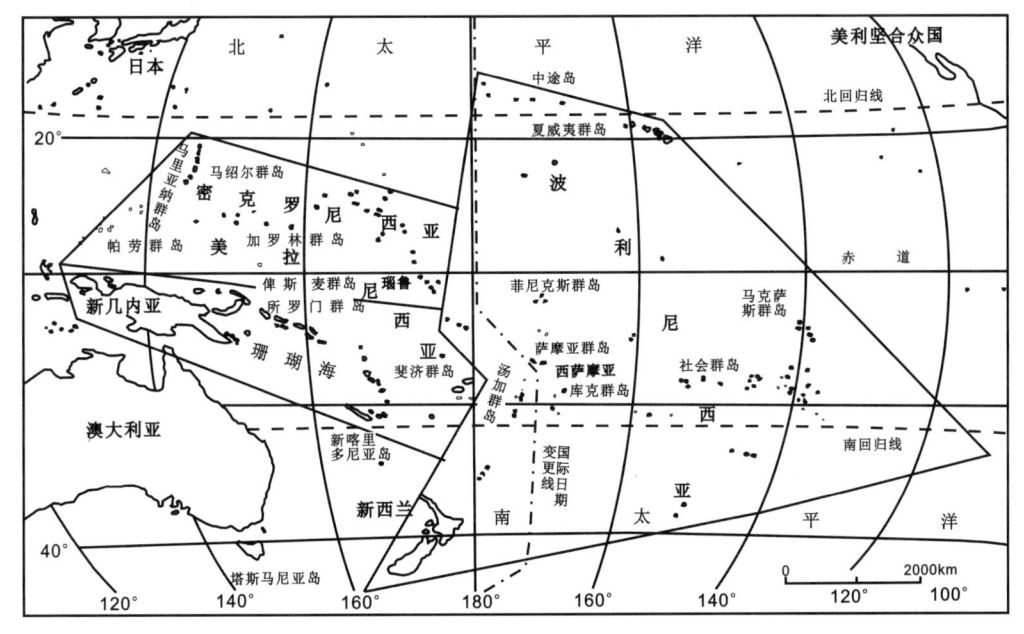

大洋洲地图

的事情很无聊，不如我们交换彼此的工具来玩玩，好不好？"哥哥起初有点迟疑，不肯交换，后来拗不过弟弟的再三恳求，终于答应。弟弟马上带着哥哥的钓钩划船出海。哥哥每次往海里垂钓必有收获，然而这一天弟弟却始终钓不上一条鱼。就这样钓着钓着，钓钩竟被一条大鱼衔走。弟弟垂头丧气回到海边。在山中一无所获的哥哥也筋疲力尽地回来了，弟弟的弓箭对哥哥来说，同样丝毫不起作用。哥哥知道钓钩被鱼抢走后怒不可遏，命弟弟到海中寻找。可是，大海茫茫，如何去找？于是弟弟捣碎自己的佩剑，做了五百个钓钩给哥哥，但哥哥拒不接受，他非要原先的钓钩不可。弟弟又做了一千个钓钩，哥哥仍冷淡地说："我只要一个钓钩，你还我借给你的那个钓钩就好。"弟弟束手无策，呆呆地望着海面哭泣。突然有位白胡子老人来到他身边，用柔和的眼神望着他，轻声问他为何愁眉苦脸。弟弟说出理由，老人笑道："既然如此，我帮你的忙。我乃制造潮流的盐椎翁神（盐筒大神），可以为你带路。"老人说毕，立即编了一只竹笼，告诉弟弟："你搭这只竹笼出海，潮流会指引你到达海神龙宫。宫殿大门一旁有口井，还有一株神圣的高大桂树，你只需爬到树上静静等待，海神的女儿如果看到你，一定会帮你解决问题。"弟弟按照老人的指点，果然抵达龙宫，他爬到桂树上等待。不久，海神的女儿丰玉毗卖[1]的女侍捧着水缸出现在井边，打算汲水，猛然发

---

[1] 毗卖，是日语ひめ（hime）的音译，一种对女性的尊称，通常译为"姬"，指的是有钱人家的女儿、小姐、公主等。——译注

现水面上有个人影。她吃惊地抬起头来，看到树上有位俊美男子，好生奇怪。山幸彦对女侍说："请给我点水喝吧。"女侍马上汲水盛入水缸，递给山幸彦。山幸彦没有喝水，而是卸下脖子上佩戴的一块玉，含在口中①，再吐到水缸内。那块玉恰好粘在缸底，怎么剥都剥不下来，女侍只得就那样送到丰玉毗卖面前。丰玉毗卖看到玉，问："难道门外有人？"侍女回答："水井旁的桂树上有一个相貌俊美的人间男子，比海神大人还英俊。那人说想喝水，我就递给他水。但他没喝水，把玉吐进水缸内，我怎么剥也剥不下，只好就这样送过来了。"丰玉毗卖觉得好奇，来到门外一瞧，当下即对山幸彦萌生爱意，一见钟情。她回到宫中告诉父神，父神也出门看，惊叹："原来是天孙神皇太子。"父神认得山幸彦的容貌，大吃一惊，赶忙请山幸彦进入宫内。盛情款待后，做主让女儿跟这位皇太子结婚。

山幸彦在龙宫住了三年，跟丰玉毗卖过着幸福日子。某天，他想起自己来龙宫的目的，不禁摇头叹气。丰玉毗卖看了很担忧，去告诉父神，父神亲自询问女婿，这才得知真相。于是海神召集所有鱼类，

绳文晚期陶俑，日本福岛县出土，距今3000年，日本福岛县三春町教育委员会藏

查明衔钩结果，原来是一条鲷鱼②，因钓钩刺在喉咙里，最近食不下咽。收回钓钩后，海神又给山幸彦两粒具有神力的珠子——一粒盐盈珠，一粒盐干珠。叮嘱他把钓钩还给哥哥时，一定要背对哥哥，口中念咒："笨钓钩，急钓钩，穷钓钩，愚钓钩。"只要这样做，钓钩便会失去神力。

---

① 口中含玉，属于咒术的一种。——译注
② 鲷鱼，因其形美味鲜，在日本被视为鱼类之王。又因为它的日语读音"たい"与"喜庆"押韵，故成为喜宴上的佳肴。——译注

海神复又吩咐弟弟：倘若哥哥在高处种田，弟弟就选择低处；哥哥若选择低处，弟弟务必选择高处。海神会让水流进弟弟田里。哥哥若搭船出海钓鱼，弟弟便站在海边撅嘴向大海呼气，海神会让哥哥翻船。如此过了三年，哥哥一定会穷途末路，攻打弟弟。到时候，弟弟再利用那两粒珠子击退哥哥。盐盈珠可以造成洪水，盐干珠则能让洪水退去。叮嘱完毕，海神再次召集鳄鱼，说："我们要送天神皇太子返回陆地，你们依次报出你们的能耐，说说可以花几天送皇太子到陆上。"其中有一条鳄鱼回说："我可以当天送去，当天回来。"海神便命那条鳄鱼送山幸彦回陆上。

弟弟见到哥哥，按照海神交代的方式还给哥哥钓钩。其他吩咐也都一一照办。果然不到三年，哥哥就走投无路，举兵攻打弟弟。而弟弟也利用两粒珠子击退哥哥。后来哥哥只得成为弟弟的臣下，在弟弟身边当艺能臣。这位哥哥海幸彦，正是隼人族①的祖先。

后来，海神的女儿丰玉毗卖怀孕，临盆前夕前往丈夫统治的陆地之国。她在海边搭建起一栋产房，对丈夫说："我不是人类，你绝对不能偷看我生产时的模样。"然而山幸彦没有遵照妻子的意愿，往产房里窥视，一条巨大的鲨鱼映入眼帘。得知丈夫目睹了自己丑陋身姿的丰玉毗卖，只能伤心地留下刚出世的孩子，只身返回海底龙宫。孩子因为是在海边一所没有完工的由鸬鹚的羽毛做屋顶的屋子中诞生的，所以取名为鸬鹚草葺不合尊。回到海里的丰玉毗卖担忧孩子没人照顾，便要求妹妹玉依姬到陆上代替自己照顾孩子。这孩子长大成人后跟玉依姬结婚，生下四个孩子，其中一位叫作神倭伊波礼毗古命，也就是日本第一代天皇神武天皇。

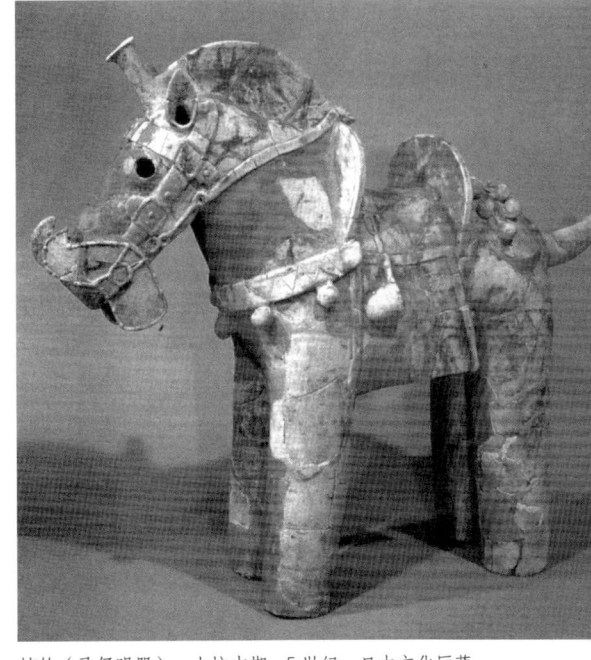

埴轮（马俑明器），古坟中期，5世纪，日本文化厅藏

---

① 隼人，指古代居住在日本九州南部的民族，曾屡屡反抗中央政权，于720年被平定；也指日本萨摩国（鹿儿岛县）的男子。——译注

日本神话的源流 | 015

埴轮（巫女坐像明器），古坟中期，5世纪，日本文化厅藏

二、丢失的鱼钩

在南太平洋采集的许多与此类似的传说中，相似度最高的无非就是密克罗尼西亚帕劳群岛的传说、苏拉威西岛米纳哈萨的传说和印度尼西亚凯伊群岛的传说。

1. 帕劳群岛的传说

从前，某个岛屿的酋长结识了一名来自大海的女子，他们结婚后生下了一个男孩，取名阿特莫罗科特。这孩子拥有一枚不可思议的鱼钩，它由珍珠贝的贝壳制成，闪闪发光。阿特莫罗科特每天都要去防波堤上捕鱼，回家的时候都必须向父亲出示这枚鱼钩。有一天他的鱼钩被一条鱼衔走了，他本打算悄悄地溜回家，结果还是被父亲发现了，父亲气急败坏地破口大骂。阿特莫罗科特实在没有办法，只好去向一位叫作阿达拉鲁的女性求助。他按照阿达拉鲁告诉他的方法，从防波堤上跳进海里，在一条鱼的带领下来到了一个叫作阿达库的地方，坐在一口井的旁边悄然等待。不多久，有一位少女前来汲水，她和阿特莫罗科特交谈了一会儿就回到了家中，并且将这一切都报告给了家人。之后阿特莫罗科特就被请到了她家。那家人里有一位因为脖子疼而快要离开人世的老妇人，她看到阿特莫罗科特的时候感到异常惊讶，因为他和自己的女儿长得很像。在老妇人的再三追问下，阿特莫罗科特将自己的身世和经历和盘托出，原来小伙子是老妇人的外孙。一同前来的那条给阿特莫罗科特引路的鱼即兴表演了一支滑稽的舞蹈，引得老妇人大声地咳嗽，居然将扎到喉咙里的鱼钩给吐了出来，老妇人得救了。阿特莫罗科特拾起那枚鱼钩一看，发现正是自己要找的鱼钩。于是他将鱼钩放入自己的笼子里，告别了外祖母回到了陆地上。

2. 米纳哈萨的传说

有一天，居住在帕萨姆万古的卡布鲁桑从朋友那里借了一只鱼钩，然后就坐着小船出海打鱼去了。没想到鱼钩弄丢了，被一条鱼吞吃了。卡布鲁桑焦灼难耐地回到了家中，他向朋友多次道歉，对方都没有接受，还一再要求他："无论如何都要把原来的那只鱼钩还给我,其他的鱼钩就算给我十只我也不稀罕。"无可奈何的卡布鲁桑只好再次坐着小船来到了丢失鱼钩的地方,然后潜入了大海。没想到海底居然还有一条道路,他顺着道路往前,到达一个村子的前面。这时听到村里有户人家发出了吵闹的声响,伴随着哭泣声。他走进那户人家一瞧,只见一名少女的喉咙上竟然扎着一只鱼钩,痛苦不堪。仔细一看,发现那只鱼钩正是自己要找的鱼钩。于是他高兴地假装成医生,支开少女的家人,将少女喉咙上的鱼钩拔了下来收进自己的衣服口袋里。卡布鲁桑带着少女父母送给他的礼物按照原路返回,可是之前的小船已经不见踪影。就在他无计可施之际,突然出现一条大鱼。他向大鱼求救,大鱼把他驮在背上,一阵风地在海里疾驰,不一会儿就将他送回陆地上。回到家的卡布鲁桑将鱼钩还给了朋友。同时他也刁难了朋友一把,让朋友将取下来避雨用的香蕉叶子重新接回到原来的树上。他还向神明祈祷,并祈求大鱼让朋友陷入无法完成的尴尬境地,算是报了一箭之仇。

3. 凯伊群岛的传说

很久很久以前,有三兄弟和两姐妹一起居住在天上。有一天,最小的弟弟巴鲁帕拉向大哥须安借了一只鱼钩去云海之中钓鱼。谁知道他却将鱼钩给弄丢了。当弟弟回到家的时候,哥哥非常生气,要求弟弟无论如何都要将丢失的鱼钩找回来。巴鲁帕拉没有法子,只好坐上小船潜入云海,到处寻觅

天照大神刺绣

天照大神铜镜

那只鱼钩。这个时候出现了一条鱼，它特别同情巴鲁帕拉的遭遇，答应助他一臂之力。这条鱼找到了自己的同伴——一个劲儿咳嗽的鱼儿，从那条鱼儿的喉咙里拔出了巴鲁帕拉丢失的鱼钩，归还给他。回到家中的巴鲁帕拉将鱼钩还给了须安，但是为了向刁难自己的哥哥报复，他在哥哥睡觉的床上放了装有椰子酒的竹筒。哥哥睡觉起来的时候，果然把酒给弄洒了。他要求哥哥必须将酒水复归原样。受到刁难的须安只好一个劲儿地去挖椰子酒泼洒到的地方，结果竟然把天给挖出了一个洞来。出于好奇，兄弟二人想一探地上的究竟，就用网子将一只狗拴着，从那个洞口放到地上，然后收网查看，发现狗的脚底沾满了白色的沙子。由此他们相信下界也是可以居住的陆地。于是兄弟二人决定移居下界，他们和四只狗一起，通过拴在天上的网来到了地面上，成为地上的人类祖先。

三、南太平洋神话与日向神话的共同点

上述三则南太平洋的传说讲述了相同的故事：主人公在钓鱼的时候弄丢了鱼钩，鱼钩被鱼儿衔走；由于被要求必须找回鱼钩，无奈之下只好来到海底；在一番寻找之后，取回了扎在鱼儿喉咙里的鱼钩返回了陆地；最后将鱼钩归还给了曾经刁难自己的人。如此看来，这些传说的基本框架都和日本的海幸彦·山幸彦传说基本一致。另外，这三则传说各有一些特别的细节，也和日本神话有着显著的类似。比如在帕劳岛的传说中，主人公来到海底之国阿达库之后坐在一口水井的旁边，被过来汲水的少女发现，然后因为少女的报告而最终被带到了外祖母的家里。这处情节马上就让我们联想到山幸彦来到海神宫殿的门口，

绘本天照大神出岩屋

坐在井口边的一株桂花树的树枝上，接着被过来汲水的婢女发现，通过婢女的通报最终得以进入海神的宫殿。再者，在米纳哈萨的传说中，借给主人公鱼钩的人说什么也不肯接受用很多只鱼钩来代替赔偿丢失的那只鱼钩，主人公坐在风驰电掣的大鱼背上返回陆地，他返还鱼钩之后呼风唤雨，报复了刁难自己的人，等等。以上诸多地方都明确地表示出和日本神话的共通之处。

还有，在米纳哈萨的传说中，主人公为了纪念那只帮助自己回到陆地的鱼，给它取了一个叫作朋客鲁苏眉山卡特的名字。这让我们不由自主地联想到了日本神话中，山幸彦为了纪念那只护送自己回到陆地的鳄鱼而将自己佩戴的一把小刀赐予了它，最后那只鳄鱼就被称为佐比特神的情节。在凯伊群岛的神话中，主人公是三兄弟中最小的那个，而借给他鱼钩的又是他的大哥，这也和海幸彦·山幸彦的情况一致。我们结合以上诸多要素，应该基本确定南太平洋的传说和日本的海幸彦·山幸彦传说之间存在着亲缘关系了吧。

四、香蕉与木之花

在日向神话中，也就是海幸彦·山幸彦的故事发生之前，迩迩艺命与木花之佐久夜姬的婚姻故事就已经存在。与这一传说相似的故事，仍然可以见于南太平洋。根据《古事记》，这一婚姻是这样的：

> 从高天原降临日向的迩迩艺命，在笠沙的海角看到了大山津见神的女儿木花之佐久夜毗卖便一见钟情，提出要跟她结婚的请求。听到迩迩艺命的求婚，大山津见神大喜过望，便让木花之佐久夜毗卖与姐姐石长毗卖一同携带大量的彩礼，奉献在天孙的面前。不过，因为这位石长

毗卖容貌丑陋，迩迩艺命十分嫌恶，便把她送回她父亲的身边，只留下木花之佐久夜毗卖，缔结了一夜婚约。大山津见神因为长女被返还，感到奇耻大辱，于是差人带话给迩迩艺命说："我之所以把两个女儿一同奉献在你的面前，是因为我在内心里祈求：如果你视石长毗卖为妻的话，那么天神御子的寿命，将如同磐石一般坚不可摧；如果你娶了木花之佐久夜毗卖的话，你将会像树上的花朵，鲜艳一时。如今，你把石长毗卖遣送了回来，单单留下木花之佐久夜毗卖，这样的话，天神御子的寿命，就如同树上之花脆弱不堪。"（由于这个缘故，天皇的寿命一般都不长。）

这则故事在日本神话当中，说明了为什么作为神的天皇的生命在人间却很短暂。在南太平洋，与这则故事十分相似的传说中也交代了人类生命短暂的理由。学者们把这种类型的传说分类为"香蕉类型"，南太平洋死亡的起源神话据说广泛地分布于从印度尼西亚至新几内亚的地区，其中位于苏拉威西岛婆婆地区的阿鲁弗洛族就有这样的故事，与日本神话相类似的特点十分显著。

很久很久以前，天地之间的距离比起现在要近得多，创造神用绳索系住人类，从天上放置到地上，人类作为赠品开始在大地上生活。某一天，创造神把石头也放了下来，作为人类始祖的夫妇俩却拒绝接受，他们向天神索要其他的东西。于是，天神把石头拉回天上，这次把香蕉放了下来。夫妇二人高高兴兴地把香蕉吃掉了。这时候，从天上传来这样的声音：

"你们丢弃了石头而选择了香蕉，那么一旦有了孩子，你们的生命就如同老树一般枯死，因为香蕉是脆弱的。如果你们之前接受了石头，那么你们的生命就会像石头一样永久持续。"

的确，苏拉威西的传说与日本神话之间有些出入，前者体现的是人类最初在石头与香蕉这两样实物之间选择，后者则把石头和木之花分别表现为丑

日本能戏中的天照大神

陋的姐姐和美丽的妹妹。不过，除去这一点，因为丢弃石头选择植物致使寿命减短，这样的基本结构在两则神话中可以说是一致的。南太平洋类似的故事中出现的香蕉与日本神话中表现的木之花，反映出气候风土之间的差别，所以这种变化也是很自然的。

五、火中的生产

除了以上的要素之外，在日向神话中还可以发现一些其他的要素，暗示出与南太平洋神话之间有一定关系。木花之佐久夜毗卖与迩迩艺命一夜缠绵之后有了身孕。但是丈夫迩迩艺命却怀疑孩子的来路，会不会是其他国津神的。为了证明自己的贞洁，木花之佐久夜毗卖搭建了一间没有大门的小屋子，她钻到小屋里之后就用黏土将所有的空隙都完完全全封堵住。待到生产的时候放一把大火，结果在熊熊燃烧的烈焰中平安无事地生下了火照命三兄弟，以这样的方式证明真金不怕火炼，自己是清白之身。这一情节让我们很自然地联想到了从印度尼西亚到中南半岛这一地域的习惯，即在产妇的旁边点一把火，称之为"烧产妇"。而且根据《日本书纪》引用的第三个"一书"①的记载，在火中生完孩子之后，还得用一把竹刀将孩子的脐带切断。这一传承也与印度尼西亚各地所见的风俗一致。

像这样的关于迩迩艺命

持牛角维纳斯——女神由来

---

① 一书，是《日本书纪》正文中穿插的"一说"，又称"或曰"。该书编订成书之时，有多种底本可供选择，虽不尽用，亦不能弃，便以"一书"形式记录下来。日本学者认为这是效法裴松之《三国志》注例。——译注

以降居住在日向的这三代皇室祖先的传说，在很多要素上都和南太平洋尤其是和印度尼西亚的神话以及风俗之间存在着显著的类似，而对这些类似唯一的解释只能是它们两者之间具有亲缘关系，否则根本就难以解释清楚。

关于这种亲缘关系，最近有很多的研究者都作了相关探讨。他们几乎一致认为，古代居住在南九州岛一带的被称为隼人的原住民，其实就是印度尼西亚系统的人种，而日向神话完全是一股脑地将隼人的传承都吸收了进来。

第二节　波利尼西亚与伊邪那岐・伊邪那美神话

一、垂钓岛屿型神话

除了之前我们一直探讨的日向神话之外，日本与南太平洋的传承之间还存在极为类似之处的神话就是以伊邪那岐・伊邪那美夫妻二神为主人公的所谓的"诞生国土神话"。

众所周知，日本神话这一部分的开头就是关于创造淤能碁吕岛的故事。

> 神世七代中最晚生成的一对神是伊邪那岐和伊邪那美。那时大地尚未成形，如油脂一般漂浮不定。于是众天神命令伊邪那岐和伊邪那美二神去加固国土，并授予他们天沼矛。伊邪那岐和伊邪那美遵命来到悬浮于天地之间的天浮桥上，将天沼矛插入下面的漂浮物中，来回搅动，再将天沼矛提起来，于是海水自矛尖滴下，聚积凝固形成一个岛，这就是淤能碁吕岛。

关于这段神话，历来的研究者不约而同地认为它属于陆地创造神话的系统，这一系统所在范围是以波利尼西亚为中心的包括美拉尼西亚和密克罗尼西亚的一部分在内的地区。这些南太平洋神话都认为在太古时期，神明从海底将一个个岛屿钓了起来。这种解释陆地起源的类型就被叫作"垂钓岛屿型"。比如流传在波利尼西亚的马克萨斯群岛上的传说，认为"世界在最开始只有一片汪洋大海，而一开始就存在于这个世界的神明提克就坐在一艘独木舟之上四处漂荡。之后，他就从海底将陆地钓了上来"。纽埃岛上流传着一则传说："很久很久以前，大海之中只有一些暗礁，一天有一位神明乘着帆船自南方而来。他凝视着海底，发现了白色的岩石，于是将岩石钓了起来，这就是日后的纽埃岛。"

在新西兰和夏威夷等地流传着一则以波利尼西亚神话中最受关注的神明麻

乌依为主人公的冒险故事。其中，在新西兰流传的这个故事是这样的：

麻乌依的祖母一直以来都是依靠几个孙子每天带来的食物才得以活下来。但是有一天，几个孙子对这个工作产生了厌烦情绪，将本来准备送给祖母的食物吃掉了。麻乌依就代替他的兄弟带着食物去看望自己的祖母，竟然发现得病的祖母有一半的身体已经死亡。然后他就取走了即将死亡的祖母的下颚骨，用它做了一只鱼钩，并偷偷地将鱼钩带回家。

有一天，当其他的兄弟都去大海上打鱼的时候，麻乌依就乘着一艘独木舟出现在了海湾上。他取出之前藏好的那只鱼钩，用自己的鼻血作为鱼饵，将鱼钩抛向大海。没过多久就有一只巨型的鱼儿上钩了。麻乌依用力将它钓了起来，没想到钓上来的居然是海底的一大块如同大鱼模样的陆地。

这些南太平洋的神话讲述的都是使用鱼钩把陆地从海底钓上来，就像文字描绘的那样。这与日本神话中用矛搅拌海水创造了淤能碁吕岛的神话在关于创造陆地的方法上的记载完全不一样。但是我们必须承认，日本和南太平洋神话在将某个道具放在海里然后将道具拉上来的同时就创造了陆地这样的描述情节上，二者确实应该属于同一个类型的传说。

况且，一直研究这种类似性的研究者在日本的古典记载中发现，伊邪那岐插入海中用来创造陆地的矛，其实早在古代的日本就曾经作为捕鱼的工具被使用。此外，在伊邪那岐还没有固定国土之前，下界是这个样子的：《日本书纪》记载，"开辟之初，洲壤浮漂，譬犹游鱼之浮水上也"；

日本史前母神半身像，法国吉美博物馆藏

日本史前女神，摄于法国吉美博物馆

《古事记》记载，"时大地尚未成熟，如漂浮之脂，亦如水母漂流"。看来在日本神话当中，陆地最初也被描述成鱼类的样子。

二、诞生岛屿型神话

如前所述，伊邪那岐和伊邪那美男女二神降落到了原本空空如也的大洋上，创造了第一块陆地——淤能碁吕岛，并在那里结为夫妻，陆续生下了最终构成日本国土的众多岛屿。

在波利尼西亚，也广泛分布着这样的神话，认为岛屿是男女神明交合之后作为孩子而诞生出来的，这类神话可称为"诞生岛屿型"的陆地创造神话。

例如在夏威夷的神话当中，"天神瓦凯阿和女神帕帕结婚了，帕帕首先生下了夏威夷和毛伊岛。但是瓦凯阿竟然趁妻子不在家的时候和女神卡乌拉发生了关系，生下了拉纳岛。不只如此，他还和西奈女神一起生下了莫洛凯岛。帕帕得知这一切之后，为了报复丈夫，也和鲁阿神发生了关系，生下了瓦胡岛。故事的结局，夫妻二神和好如初，依次生下可爱岛、尼豪岛等剩下的岛屿"。与此类似的神话也流传在马克萨斯群岛、社会群岛和新西兰等地。

三、访问死者之国

伊邪那岐和伊邪那美在完成诞生国土的使命之后，又生下了许多神。最后，伊邪那美由于在生火神迦具土神的时候，阴部被火灼伤，伤势严重，最终殒命。此后，伊邪那岐·伊邪那美神话最后叙述的是伊邪那岐前往黄泉国访问的故事。

失去伊邪那美的伊邪那岐，思念爱妻，悲痛叹息，为了与亡妻相会，决定下赴黄泉国。伊邪那美见到来死者之国造访自己的丈夫，喜不自胜，

日本神话的考古学

专门到居住宫殿的门外相迎。伊邪那岐向妻子诉说无论如何也要将她带回人间的愿望，于是伊邪那美对他说："你要是早一点来就好了。很可惜啊，我已经吃了黄泉国的食物。不过，如果你执意要同我一起回返，那么容我同黄泉国的诸神商量一下。在此期间，千万不要偷看我，务必耐心地等待。"说完，返回宫殿。

伊邪那岐等待了很长一段时间，因为总也见不着伊邪那美出来，终于按捺不住。他从左发髻上取下多齿木梳，折下一个边齿，点起火来，进入殿内。只见伊邪那美的尸体已经腐烂，浑身爬满蛆虫，发出咕噜咕噜的响声，身体各个部分产生骇人的雷神。伊邪那岐见状拔腿就跑。伊邪那美认为丈夫没有遵守约定，见到了自己羞耻的模样，怒不可遏，让黄泉国的丑女们去追赶伊邪那岐。

陷入危险境地的伊邪那岐，首先把头上的发饰取下向身后丢去，接着又把木梳的边齿折下扔到地上，这些边齿都变成了野葡萄，趁丑女们吃葡萄的当儿，伊邪那岐继续往前逃。于是伊邪那美又让自己身上产出的雷神们率领一群黄泉军追赶伊邪那岐。伊邪那岐拔出佩剑，一边向后挥动，一边向前奔跑，直至到达黄泉国的边界比良坂的门口。从桃树上摘下桃子并向后投掷，击退了追兵。

就在这里，伊邪

日本埴轮，黏土陶塑品，高40厘米，日本古坟时代晚期，奈良，现藏于日本东京国家博物馆

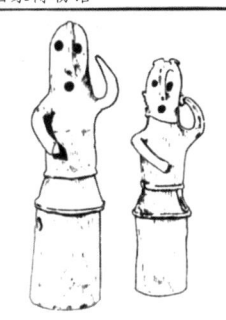

埴轮，两个正在歌唱的舞者，黏土制成，分别高64厘米、57厘米，埼玉，现藏于东京国家博物馆

日本埴轮造型，一位女舞者形象，有色黏土，高88.5厘米，古坟时代，群马，现藏于日本东京国家博物馆

日本史前萨满偶像

那美亲自追了上来。伊邪那岐慌不迭地搬来大石头将道路堵住。隔着巨石的夫妻神发出离婚誓言。伊邪那美说:"你居然如此对我,我每天要杀死你国内一千人。"伊邪那岐回答道:"如果你这么做,那么我每天就建一千五百个产房。"

与伊邪那岐访问黄泉国的故事十分相似的波利尼西亚神话,在新西兰的毛利人中流传,故事是这样的:

> 塔奈神有一次想要一名配偶,于是他用土造出一个女人的形状,往里灌输生命,于是产生出名叫西奈的姑娘。他静静地等待西奈成长,以便让她做妻子。但是西奈知道自己将来的丈夫就是自己的父亲,感到耻辱,于是自杀了。西奈死后在地底下成为伟大的黑夜女神。塔奈因为爱妻的亡故悲痛欲绝,他随后前往冥界,接连从冥府的看守那里一一通过,最终到达了西奈的住处。塔奈敲门,西奈却不让他进屋。塔奈在屋外恳求西奈同自己一起返回地上,遭到西奈冷漠的拒绝。西奈对塔奈说:"你一个人返回上界吧,在明亮的阳光下生育儿女。我要留在地下的世界,把你的儿女全部拉下黑暗和死亡的世界。"听到西奈这样的宣誓,塔奈无计可施,哼唱悲哀的歌曲,一个人回到了地上。

这则毛利人的神话讲述的是,失去妻子的男神为了让她重返陆地,一路追到地底下,结果失败了,没有把妻子带回来,只能一个人回来。故事梗概与日本的伊邪那岐·伊邪那美神话路数相同。另外,西奈向塔奈发誓要与他一刀两断,这一点与日本神话中伊邪那岐和伊邪那美最终的诀别、相互说出离婚的誓言颇为相似。

如此看来,伊邪那岐·伊邪那美神话确实如研究者所指出的那样,整体上都和南太平洋,特别是波利尼西亚神话存在着惊人的一致。这种类似对于思考日本神话的系统究竟又会带来怎样的变化呢?我们在后文中会有所阐述,这里姑且先承认这个事实就可以了。

第三章　神的被杀害与农耕的起源

第一节　大宜都比卖神话和哈伊奴维丽（ハイヌウェレ）神话

一、从神的尸体中产生谷物

在这一节里，以与南太平洋神话具有显著类似之处的日本神话为例，我们可以再次将目光投向从被杀死的神灵尸体中长出谷物的故事。这则故事在《古事记》和《日本书纪》中均有表述，只不过表现的形式不同。

《古事记》中的故事是这样的：

> 从高天原被放逐来到下界的建速须佐之男命，造访大宜都比卖，向这位女神讨要食物。一会儿工夫，大宜都比卖就从鼻子里、嘴巴里、肛门里取出各种各样的食物，做成五花八门的料理，呈献给建速须佐之男命食用。建速须佐之男命因为偷窥到制造食物的过程，认为大宜都比卖给予自己的是秽物，大发雷霆，杀死了女神。不久，从被杀的女神头部长出蚕，两眼中长出稻种，两耳中长出粟，鼻子里生出小豆，女性性器中长出小麦，肛门里生出大豆。于是神产巢日神命令将这些东西取出，作为种子。

在《日本书纪》中，有被认为明显是这则神话的另一种传说版本，其中是这样叙述的：

> 伊邪那岐任命天照大御神为高天原的支配者。升天的天照大御神听说下界有一位名叫保食的神灵，就命令弟弟月读命前去拜访。保食神首先面对国土的方向，从嘴巴里将饭取出；接着面向大海的方向，从嘴巴里取出大大小小的鱼；然后面对高山的方向，从嘴巴里取出飞鸟、禽兽；最后把这些东西全部摆放在桌子上，请月读命享用。目睹这一切的月读命，容颜不悦，十分气愤，他说："这都是什么不干不净的东西！凭什

土耳其史前胡玉克庙女神

么从嘴巴里吐出的秽物要让我食用!"他叫嚷着,拔剑砍死了保食神。

回到天上的月读命向天照大御神报告此事,天照大御神勃然大怒说道:"像你这样性情暴戾的神,我再也不想见了。"从此以后,日神与月神分别在白天和夜晚出现。

之后,天照大御神差遣一位名叫天熊人的神灵,前往下界察看保食神的尸首。已经死去的保食神头顶长出牛和马,额头上生出粟,眉毛上长出蚕茧,眼睛里生出稗,腹部长出稻谷,阴部生出小麦、大豆和小豆。天熊人拿着这些东西回到天上向天照大御神复命,天照大御神喜出望外,立刻将粟、稗、小麦和豆子播到烧田里,将稻谷作为田地中的作物,开创了农业生产,另外从蚕茧中抽丝,让人开始养蚕。

在《日本书纪》中,火神轲遇突智和土地女神埴山姬(ハニヤマヒメ)生下了一个儿子名叫稚产灵,这位神灵头上生出蚕和桑木,肚脐里长出五谷。这大概也是相同神话简略版本的传说吧。

以上三则神话,虽然故事的主人公名字不同,内容相异,但是《古事记》

中的大宜都比卖和《日本书纪》中的保食神的神话之间，很明显具有以下三个特定的要素：

1. 都是从身体中取出秽物或者分泌物，以此做成食物招待神灵。
2. 被招待者偷窥到生产食物的过程，感到愤怒，于是杀掉了生产者。
3. 从被杀的神灵尸体中，生出了作为人类主食的食用植物，由此成为农业的创始。

最后列举的稚产灵神话，省去了1和2的部分，可以看作是对此描述的遗漏吧。

二、大宜都比卖与哈伊奴维丽

与日本的大宜都比卖神话同类型的食用食物起源神话的分布十分有限。全部包含以上举出的三个要素的典型神话，除日本发现的这则以外，还有美洲大陆和其他一些地方，比如南太平洋（印度尼西亚、美拉尼西亚、波利尼西亚）的一些神话，仅限于此。

南太平洋中与这种类型相似的神话，首先，根据后面陈述的理由，有名的是印度尼西亚塞拉姆岛的魏玛勒族的传说，我们有必要举出以下这个例子：

> 从香蕉中生出的最初的一个人，是一位名叫阿麦塔的男子，有一次，他外出狩猎，发现一枚椰子果实，于是就带回家。他用布把椰果包好，小心地放在搁架上。当天晚上，梦中出现了一位陌生男子，他命阿麦塔将椰果放入土中埋好。阿麦塔按照梦中男子的指示，将果实埋了起来。三天后，从填埋果实的地方长出了一株高大的树木。又过了三天，树上开了花。阿麦塔想从花中酿酒，于是爬上树开始劳动。一不小心割伤了手指，鲜血和花朵的汁液混合在一起，从中长出一个人的头来，并且头部已经长全。又过了三天，从头的下方又长出了身体。第九天，长成了一位四肢完好的女子。当天夜里，阿麦塔的梦中再次出现了上回的男子，他对阿麦塔说："用先前包裹椰子果的方法，把女子小心地用布包起来，从椰子树上取下来，把她带回家中好好地养育。"
>
> 阿麦塔依然照做，他给女子起了一个名字叫作哈伊奴维丽（意思是椰子的枝条）。女子以惊人的速度成长，三天后已出落成了一位大姑娘。另外，还让阿麦塔吃惊的是，姑娘的大便长出陶器和钟（这些物品对于魏玛勒族人来说是外来的东西）等各式各样昂贵的物品。阿麦塔的生活由此变得富足。

有一次，当地举行马罗舞会。舞会要持续九天，每晚选择不同的地点，彻夜进行。跳舞的男子们围成一个九重螺旋状的圈，女人们坐在圈中，在男子们跳舞的时候用手向他们传递用来咀嚼的槟榔果实和西里叶子。

哈伊奴维丽被指派了这项工作，在马罗舞会中向男子们递去供他们咀嚼的东西。第一天晚上，她在舞蹈围成的圈的正中间，按照惯例向男子们传递槟榔果实和西里叶子。第二天晚上，她不再传递槟榔和叶子，而是从身体里面取出珊瑚送给舞蹈者。之后的每个晚上，她都会从身体中取出不同的昂贵物品分配给那些男子。正因如此，人们对哈伊奴维丽的所作所为感到恶心的同时，也产生了莫名的嫉妒。在第八天晚上，舞蹈结束后，男人们聚在一起商讨，决定在最后一天晚上跳舞期间杀死她。于是他们在跳舞围成的圆圈中挖了一个坑，边跳舞边将哈伊奴维丽推进坑内，他们唱着歌，掩盖少女的悲鸣，把她活埋了，并在坑上边跳边把土夯实。拂晓来临，舞会结束，人们悉数散去，返回各自的家中。

直到天亮也未见哈伊奴维丽回来的阿麦塔，试着给她的命运占了

天照大神的符号

一卦，知道少女已经在舞会期间被杀害了。于是他从椰子树上摘下九根叶脉，前往举行最后一场舞会的广场，在地面上一遍又一遍地戳刺。最后九根叶脉戳到了舞蹈圆圈的正中央。阿麦塔用力把叶脉拔出来，看到叶脉的顶端粘着哈伊奴维丽的毛发和血液。阿麦塔把少女的尸体挖了出来，并把尸体切成碎片，埋在举行舞会的广场周围。很快，从被埋的尸体各部分长出了各种各样的山药，从此以后，这些食品成为魏玛勒族人的主食。

在魏玛勒族人的神话当中，不可思议的少女哈伊奴维丽生出的东西不是秽物而是排泄物，不是食物，而是价格昂贵的财宝；哈伊奴维丽制造物品的过程是公开的，无须偷看。这些地方与日本的大宜都比卖神话有所不同。但是我们也采集到了魏玛勒族的另外一则神话，这则神话与日本神话几乎完全一致，故事是这样的：

> 有一位祖母，与她的小孙子相依为命。她总是在小孙子待在家里的时候给他做粥，端出来给他吃。某一天，少年借口外出，躲在暗处偷看祖母。只见她从身体上刮取污垢，放进材料中做粥。因此，吃饭的时候，少年对祖母说："我不想吃了。因为我看见了你的所作所为。"听到孙子的话，祖母这样回答："你既然看到了，不想吃的话，也没有办法。你离家出走三日再回来，看一看屋底下，可以找到有用的东西。"
>
> 少年依言而行，三日后回到家中，没有看见祖母的身影，老人已经死去，尸体上长出了不同种类的椰子树。尸体的头部长出了艾伦树，性器中长出了可可椰子树，胴体生出西谷椰子树，树根下还放着一些农具。

三、哈伊奴维丽型神话的世界观

以上介绍的两则民间故事，取材于德国民间学者阿道夫·杨森（1899—1965）于1937至1938年之间在魏玛勒族所作的现场调查记录。杨森最初将故事按照女主人公的名字命名为"哈伊奴维丽型神话"，他详细地分析了这种类型的神话，认为它与热带地区栽培芋头类、果树类这些极其原始形态的农业的诸民族的文化相关。另外，杨森指出，这种类型的神话反映出"古栽培民"这些民族固有的世界观，主张在"古栽培民文化"当中产生的这样的说法具有很强的说服力。

杨森的说法也不是不存在难点。他所谓哈伊奴维丽型神话正如日本的大宜都比卖神话中所体现的，作为谷类起源神话的类型，部分地传播到了那些实行较为先进

南罗得西亚的岩石壁画描绘了这样的神话：作为供神祭品的公主，尸体被埋在树根底下，树梢一直延伸至天空，让雨水降下，拯救国土

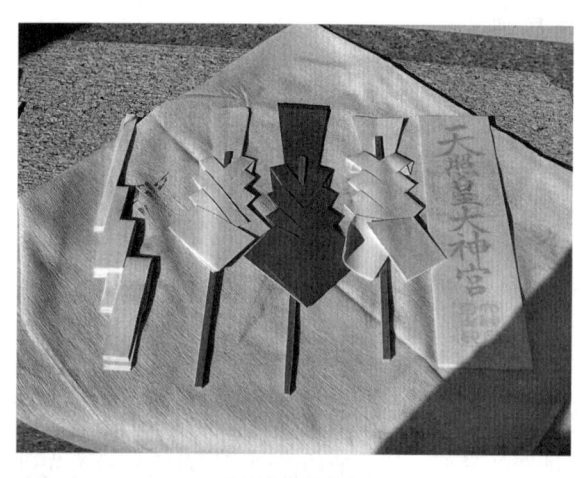

天照大神的象征

形态的农业文化当中。在南太平洋，施行稻作的民族，渐渐地把这种类型的神话作为说明稻作起源的神话。另外，杨森所谓的"古栽培民"，虽然在世界的热带地区分散得很广，但是与此相反的是，被认为热带地区典型的哈伊奴维丽型神话，如前所述，分布得却很有限。

不过，现在看来，杨森发现的哈伊奴维丽型神话也以完整的形式存在于非洲，而且，它曾经存在的迹象很明显地被认为体现在现存的神话、仪式当中（如图所示）。

遗憾的是，本书无法利用充分的篇幅介绍杨森有名的学说的全貌。不过，哈伊奴维丽型的神话确实如他所言，存在于"古栽培民"的文化当中，特别是有机地与作为文化的构成要素相结合传承了下来。这里，"古栽培民"之间存在的哈伊奴维丽型神话，让我们注意到血腥仪式的存在。

四、玛幺（マヨ）的祭祀仪式

这种仪式有一个典型

的例子。居住于新几内亚西南海岸的马林特·阿尼姆（マリンド·アニム）族举行一种叫作玛幺的仪式。

这种仪式是针对少男少女举办的成年礼。参与这项仪式的年轻人在满月之夜集合到一起，以后的五个月必须切断与部落的联系，在丛林中度过。

他们在此期间，首先要把混合着精液的黑泥涂在牙齿上，脱掉平时所穿的所有衣服和配饰，浑身赤裸地在河水中洗浴，然后再将身体涂成白色。之后，用椰子叶作为材料，像穿衣服那样从头到脚把自己包裹起来。

此后，所有的年轻人都前往树林居住。在此期间，大人们扮成神话中的戴玛神，表演神灵的存在角色，教给这些年轻人各种各样关于食用植物的知识：它们是如何在这个世界上产生的，应该怎样对待它们。年轻人逐一学习。在这种情况下，重要的是，年轻人本来对植物是一无所知的，但是通过仪式中示范的神话形式，比如如何攀爬椰子树，摘取果实的方法，在果实上挖洞、打开果实的方法，等等，他们先前所掌握的初步知识才被认为真正地获得了。在进行如此这般的教义过程中，夜晚，大人们和着

扮作戴玛神的马林特·阿尼姆族人

日本神话的源流 | 033

想象中天照大神的动物化身

名叫《嘎嘎》的歌声，开始举行乱交仪式，接受成年礼的年轻人被禁止参加这一活动。

就这样，年轻人接受了所有关于食用植物以及处理方法这些必要的知识以后，才被允许离开丛林中的住居之处。另外，等到仪式性的狩猎活动举行完毕，就开始进行玛幺祭祀了，也就是以下要说的甚为凄惨的仪式。

一名被称为"执行杀害行为的父亲"的男子携带着只有在仪式中方可使用的特殊武器登场，准备用这一武器杀掉活人祭品——唤作"玛幺女儿"或者"玛幺母亲"的少女。这名少女在被杀害之前，必须被在场的所有男人侵犯。她的肉要被吃掉，一根根骨头要分开埋在椰子树的根部，她的鲜血要被涂在椰子的枝干上。

马林特·阿尼姆族的神话当中，据说盖布（=月亮）的脑袋是从最初的香蕉树中长出来的，他被男人们视为集团内部施行同性爱的对象。盖布的身体用精液涂抹，他被杀害后，头被砍了下来，从他的头上长出了最初的椰子树等等。这毫无疑问是"哈伊奴维丽型"的存在形式。上面讲述的玛幺祭祀少女受到所有男子的侵犯，肉被吃，骨头和血液用来培育椰子，正如杨森所主张的那样，很明显，与盖布一样这些哈伊奴维丽型神话的主人公都被认为在仪式中充当了对应物。

换句话说，充满血腥的仪式的确带有一种重复的意义，即对原初发生的"哈伊奴维丽存在"的一种杀害。

五、从自然到文化

在举行玛幺祭祀的整个过程中，接受成年仪式的年轻人不仅被带回神话中讲述的戴玛神的时代，而且体验到现行文化和世界秩序成立的过程。

也就是说，成年仪式举行一开始，年轻人首先要同文化环境中断接触，浑身完全地赤裸，对于马林特·阿尼姆族经常食用的植物毫无知识可言。这样一来，他们达到一种状态，即对食用食物和衣服等其他的文化手段一无所知，可以说，重新返回到产生哈伊奴维丽型神话的远古时代，进入曾经的戴玛神们的状态之中。

接着，浑身赤裸的年轻人，用椰子叶做成衣服将全身包裹起来。这种做法，据杨森的解释，表示的是远古时代的戴玛神们（他们从椰子的花瓣中出生，被赋予具有"椰子之枝"意思的名字，死后从身体里面长出芋类的食物，就像魏玛勒族的哈伊奴维丽神话）与植物并不存在截然不同的区别。也就是说，通过这样的装扮，年轻人恢复到"哈伊奴维丽"被杀害之前，再现了戴玛神的样子。

在这之后，年轻人又通过大人们在自己面前扮演戴玛神的神话表演，一边学习与食用植物相关的基本知识，一边完

首次参加玛幺祭祀仪式的阿尼姆族年轻人，穿着用椰子树叶制成的衣服

日本史前陶鸮，摄于法国吉美博物馆

成这样的阶段：从自然的状态过渡到文化的状态，持续较长的这段时期，哈伊奴维丽型神话故事重新返回，以各种各样的形式出现在眼前。作为十分显著的例子，唤起杨森特别注意的是以下情况：

用植物的纤维做成的、预先放进土里埋起来的叫作"祭祀之母"的模型蛇，被挖了出来运到规定的场所。聚在那里的人们共同将模型蛇切碎，将其身体中的砂糖黍取出让参加的全体成员食用。

正如杨森提示的那样，将生前身体内藏着无穷无尽食物的"母亲"这样的

日本神话的源流 | 035

存在杀掉，把尸体切成碎片，这样的话就会生出最初的砂糖黍，作为人类的食物进行栽培，从中可以看出哈伊奴维丽型神话的表现形式。

还有，通过反复进行这样的仪式，年轻人完成从自然状态向文化状态的过渡，从戴玛神那里变成人，完成五个月的过程。如前所述，他们在执行杀害"玛幺女儿"的仪式之前，首先参加狩猎活动。由此，他们长大成人，然后完成亲自用手实行杀害的要求。

在完成这样的成人仪式之前，进行仪式性的狩猎是很有必要的。杨森认为，根据哈伊奴维丽型神话所反映出的"古栽培民文化"中特有的世界观，可以更好地理解。远古时代，人们终止了与植物毫无区别的戴玛神的生活，开始了食用食物的人类生活，于是产生了根据戴玛神而举行杀害"哈伊奴维丽"的存在的结果。正因如此，在成年礼开始时暂时返回戴玛神状态的年轻人，为了完成成为人类的过程，必须实施杀害行为。

六、猎头、吃人的意义

就这样，现行文化通过杀害而成立，人类通过杀害才成为人。杨森认为，所谓古栽培民文化的世界观是生成基础的观念。按照杨森极力主张的观点，可以清楚地认识到，在我们眼中猎头或吃人等残忍行为毫无用处，这是出于我们的认知习惯；如果运用形成古栽培民文化特征的理由来看，就会理解他们的行为。也就是说，古栽培民所进行的猎头和吃人行为，绝不是因为他们喜好残忍的野蛮人的行为。他们这么做是为了维持世界的秩序，让人类作为人类延续下去，他们执行的是不可或缺的宗教仪式。

的确，对于我们来说，强加给少女集团性的侮辱之后再将其杀害，最后吃掉她，这样的仪式不管出于什么样的理由，都是不能正当化的。然而，声称维护世界秩序、以拥护文化价值为借口发动战争，不断地运用所有惨无人道手段的"文明人"，将这种为了人类文化的存续，举行作为必要仪礼的活人牺牲、猎头、吃人等民族视为"野蛮人"，是完全没有资格的。

第二节　哈伊奴维丽神话和绳文农耕

一、日本古栽培民文化

原本为热带地区古栽培民文化所固有的哈伊奴维丽型神话，大概是从什么时候开始，又是以怎样的方式传到日本，促使《古事记》《日本书纪》中大宜都比卖神话成立的呢？

考虑这个问题的时候，我们首先要注意的是，目前在南太平洋，古栽培民文化仍然担负着重要的作用，与哈伊奴维丽型神话相伴而生的仪式，作为最具特征的形式在美拉尼西亚（特别是新几内亚）的原住民那里保存了下来。有观点指出，与这一文化在许多方面极其类似的文化，很可能在绳文时代中期传到日本。本书第一章介绍了冈正雄的假设，他认为在史前时代到达日本列岛的舶来文化，在五个"种族文化复合"当中，命名为"母系社会的·秘密结社的·薯类栽培＝狩猎民族文化"的就是这一种。关于这种文化到达日本的情况，此处引用冈氏的观点：

  绳文时代中期（从黑浜式土器期开始向诸矶式期过渡时期），是不是存在新文化的舶来有几个证明。这个时期绳文式土器突然间盛行旋涡状的图案，土器花纹开始变得复杂化，土偶出现；在石器方面，还发现了这个时期的碾槌（石斧）、当棍棒用的石头，还有其他多种样式的石锄、大规模的村落、山形屋顶的长方形住房等。新文化要素大量地差不多同时期出现的情况，让人不得不考虑这是新的、强劲文化的舶来。

  另一方面，这些史前学文化的复合体从新几内亚到美拉尼西亚都可以发现，与比较古层的母权栽培民文化具有显著的类似。另外，与民族学提出的精神·社会文化复合体的对应也相当明确。日本土偶可以看作祖先像或者地母神像，这与新几内亚、美拉尼西亚的祖先木偶类似，用工具施行的旋涡纹装饰以及土器表面的旋涡纹、横切法做成的土器、碾槌石斧、石头棍棒等全部可以看作与之相对应之物。日本列岛的这些栽培民栽培些什么，我们并不清楚，也许栽培了野芋（芋头也是其中的一种）一类。因此至少在绳文时代中期，已经存在了低栽培文化。（《图说日本文化史大系》第一卷，小学馆1956年，

日本秋田县男鹿的迎神节

第 113—115 页）

作为文化重要构成要素的"秘密结社"，与之相关，冈氏又指出了以下情况：

结社的男性成员戴着怪异的面具，作为神——祖灵——妖怪在各个村寨出现，吓唬女人和小孩，这种做法就是所谓的秘密结社。在日本，作为民俗化的典型，从东北地区的迎神节（正月十五日夜间的民俗仪式）、祭祀仪式上出现的戴着假面的人，或者以秘仪为中心的祭祀结社等中，都可以发现残存的变化和发展形态。在冲绳，至今还有戴着面具的神——祖先乘坐小船探访诸岛的信仰和仪式。这些细微之处与美拉尼西亚、新几内亚的母权·栽培民社会的秘密结社相似。（《图说日本文化史大系》第一卷，第 112 页）

话虽如此，冈氏本人却不认为大宜都比卖神话是由这一"文化复合"带到日本的。正如在第一章提到的，这则神话属于五类"种族文化复合"的第二种，由"母系社会的·旱稻栽培=狩猎民族文化"带到日本的。根据大林太良的观点，将大宜都比卖神话的起源与绳文后期及晚期传到西日本的在烧田中栽培杂谷、东南亚较高的地带起源的农耕文化相结合，不失为有力的新提法（有关此说，请参见下一章）。

的确，在《古事记》《日本书纪》中出现的大宜都比卖神话，从被杀死的神灵身体中产生的栽培植物并不是什么芋头之类的，而是以稻谷为主的五谷。因此，大宜都比卖神话中反映出的农业，毫无疑问是以稻米和杂谷为主要作物的。

但是，与美拉尼西亚的古栽培民文化近似的以芋头为主要作物的栽培文化，被认为是绳文中期在日本采用的，这种类型的古栽培民文化里作为原本固有要素的哈伊奴维丽型神话，具有与之共同发生的可能性，冈氏的判断也不能完全不加以考虑。

二、绳文土偶之谜

如前所述，冈氏暗示绳文中期新文化的舶来，作为这个时期同时出现的新文化要素之一，他举出了土偶的例子。他指出，绳文中期以后制作土偶的方法，非常明确地反映了与《古事记》《日本书纪》中大宜都比卖神话共通的信仰。由此造就了坪井清足和藤森荣一等一系列有影响力的考古学者。

总之，绳文时代中期以后制作的非常典型的大型土偶出土时，并不是以完整的形式被发现，而是胴体、手足等处被人为地搞得七零八落，身首异处。遭到破坏的土偶碎片，时常被从居住的地方送到烧田一带，通常这些土偶碎片发

绳文时代的女神偶，法国吉美博物馆

现于远离居住地的深山、丘陵一带。根据这种出土情况得出的结论只能是，这些土偶最初是以完整的形状制作出来，然后被特意地破坏，搞得四分五裂，然后在较远的场所埋了起来。

众所周知，这些土偶几乎都是仿照女性的模样塑造而成的。其中突出强调的是乳房和臀部，也有表现为妊娠状态的，把它们解释为丰穰母神像似乎更为贴切。所以，拥有母神神格的塑像，采用以上的方式，暗示出作为大宜都比卖神话原型的神话在这个时代已经在日本存在。总之，根据绳文土偶被杀、被打碎等情况，得出这模仿的正是从身体中生出作物的大宜都比卖女神的神格，这样的说法是要点。

不过就目前的情形来说，这种说法却存在着重大的疑点。遭到破坏的这些土偶，大量地在人们的住所周围被发现，是不是表明日本于绳文中期已经从事农业生产了呢？回答并不确定。认为日本农业的起源可以追溯到绳文时代的观点，在日本的学界，仍然被视为非主导的少数意见。理由就是，不管怎么说，

日本神话的源流 | 039

截至目前，这在"绳文农耕说"的提倡者们所提出的种种论据当中，完全被旧有的定论所遮盖，即日本的农耕伴随着弥生时代的水稻耕作才开始。

三、绳文农耕说

如今，如果以"绳文农耕说"的命名为基础概括起来的话，在这里，可以划分为两种说法：一种说法认为，我们当前直面的问题即日本的农耕起源可以追溯至绳文中期；另一种说法则认为，绳文后期及晚期，西日本的烧田里一直栽培的是粟、稗、豆类等杂谷和陆稻。其中后者的立场，尤其是佐佐木高明氏的著作《稻作以前》（日本广播出版

绳文时代的女神偶，法国吉美博物馆

协会，1971年）提出了具有说服力的立论，其结果促使支持者的数量不断增加。与此相对，赞成"绳文中期农耕论"的学者数量直到今天也是微乎其微的。

的确，"绳文中期农耕论"在眼下存在许多问题，缺乏决定性的证据。不得不说距离所谓的论证还差得很远。归根结底，这个问题在目前尚未解决，我们需要有所克制，不要出于性急而得出否定的结论。说不定，绳文中期日本已经具有原始形态的农耕。针对这一内容，出现了像藤森荣一、澄田正一氏这样的论者，他们认为绳文中期已经出现了谷物栽培。就我而言，感到更为现实的是因为考虑到野芋栽培的情况，如前所述冈氏对于"薯类栽培＝狩猎民族文化"要素的假设。绳文中期的亚洲东南部地域，以芋类为主要作物的农耕从中国南部传到日本。对此进行考古学尝试的是江坂辉弥氏（《日本文化的起源——农耕是何时发生的？》，讲谈社现代新书，1967年）。

第一章特别介绍的冈氏学说，其中谈及正月等祭祀仪式尤其重视作为食物或供品的野芋，这一习惯从西日本一带到关东地区的农村至今根深蒂固。基于这样的现实，让人感到饶有兴趣的是，日本民俗文化至今留恋和保存着以野芋为主要作物的原始农耕时代的事例。

四、哈伊奴维丽型神话的反映

论述到此，绳文时代中期日本列岛到底是不是已经进行农耕的问题，依然

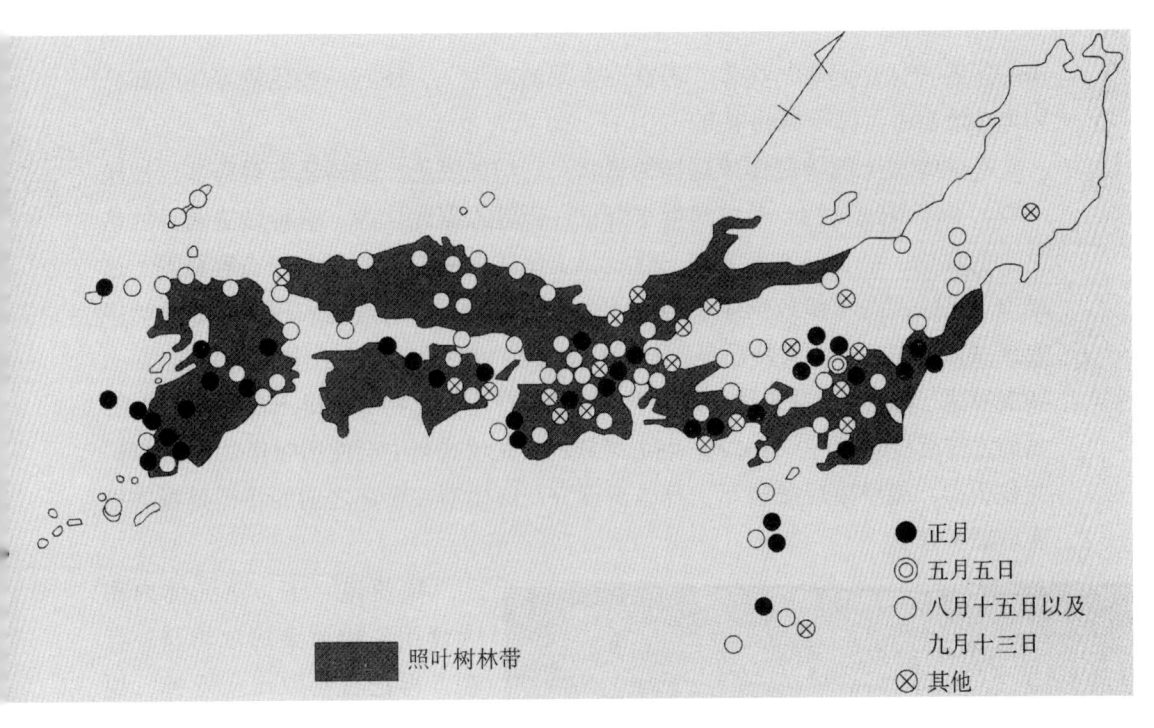

● 正月
◎ 五月五日
○ 八月十五日以及九月十三日
⊗ 其他

■ 照叶树林带

把野芋作为仪式食物的地区（依据佐佐木高明氏著作绘制）

悬而未决。但是，如果承认绳文时代中期农耕的可能性的话，对于我们来说，如前所述绳文土偶奇妙的处理方式，与现在被发现的南洋古栽培民的情况十分相近，在很大程度上可能反映了哈伊奴维丽型神话仪式。绳文土偶，某一期间在住所里得到了郑重的对待，之后被专门打碎，使手脚七零八落。土偶的手脚被打碎，埋藏在村落周围的各个角落，就像许多南洋神话中"哈伊奴维丽"的存在，也是在遭到杀害以后，尸体被切成碎块，将头、手、脚与胴体分离。而且，一旦考虑到这是此种类型神话的反映，那么在古栽培民仪式当中被杀害的活人祭品的身体，通常也是被切成碎片分散到各家各户，时而埋在烧田里，时而播撒在田地中。

比如说，住在新几内亚东南部弗拉伊河河口的基瓦伊族，他们的神话里就出现了哈伊奴维丽存在的一种故事形式，据说玛鲁瑙盖莱的身体在死亡以后被切碎，在戴玛神中进行分配。直至今日，基瓦伊族的各个家庭还在谨慎地保存着所谓玛鲁瑙盖莱的肉片。少男少女成年仪式被称作"毛咕噜"，在许多方面与前面提到的马林特·阿尼姆族的玛幺祭很类似。仪式进行到最后，会用一头野猪代表神话中的玛鲁瑙盖莱，将其活活杀死。成人礼结束后，野猪的尸体被用来做料理，而具备吃肉资格的只有老人。剩余的肉和骨头被分给各个家庭，

日本神话的源流 | 041

由各家各户保存起来，称作"玛鲁瑙盖莱的肉片"，还有一些比较零碎的部分则埋在烧田中、椰子树的根部。

有的绳文土偶被制作成这样的形状：它们的嘴巴、胴体还有臀部部位被挖了洞，洞里放进食物。考古学者水野正好氏等人据此认为，这种做法的目的是给土偶食物，将它们喂养起来。然而，土偶体内被打开的洞穴怎么解释呢？这难道不正说明与哈伊奴维丽型神话相关联，甚至可以清楚地表现神话故事哈伊奴维丽存在的一个重要特征吗？与哈伊奴维丽型神话的主人公共同的特征之一，如前所述，就是生前从身体中取出食物，如同产生分泌物那样排出食物。比如说，我们之前就提到过，在马林特·阿尼姆族的祭祀仪式当中会使用叫作"祭祀之母"的蛇模型，模型最后被破坏，身体遭拆分，而模型在毁坏之前的特征是身体里面填满了食物。

顺便说一下，杀死体内作为食用作物源泉的食物这一存在，再把食物取出来吃掉，说到底，还是为了让作物再次产生，这是古栽培民文化中的仪式所具有的特征，而其痕迹在日本的民俗当中至今表现明显。早川孝太郎氏的报告举出以下的事例，可以说是这方面的典型。

天竜川内陆一带狩猎举行的祭祀名叫"唏唏"（シシ）祭。祭祀时，首先取出种子，称呼为奥维西亚，这项内容与农耕关系密切。接下来，做成小鹿的模型，在其腹部存进去一些饭和饼，这些东西叫作撒高，具有重要的意义。在

希腊克里特的扬臂女神，公元前1200年

族人的共同瞩目当中，祭神的主祭射中小鹿。将小鹿的肚子划破，从中取出撒高。然后将撒高与专门准备的饭和饼混合，送给族人。连同谷物的种子、山上的土（大多是境内的）一同分配给族人。①

中期以后，绳文文化中的土偶以其独特的形状及使用方法，在各个方面均让人联想到古栽培民文化神话和仪式上出现的哈伊奴维丽的存在。冈氏提出绳文中期文化和美拉尼西亚文化之间具有显著的类似，如果把这些类似点加起来，则暗示出绳文中期日本曾进行以芋类为主要作物的农耕的可能性，是不是可以作为较有力的一项凭证呢？

---

① 横田健一：《日本古代的精神》，讲谈社现代新书，1969年，第24页。——原注

第四章　日本神话与亚洲东南部地域神话的比较

第一节　海幸彦·山幸彦神话与中国江南

一、作为传播路径的亚洲东南部地域

正如我们在前两章中看到的那样，日本神话中确实包含着相当数量的与南太平洋岛屿上原住民的神话极其类似的内容。尽管如此，可是事实上认为这些类似是由于日本受到了来自南太平洋的影响而产生的，持有这样见解的学者在今天的研究者当中实属少之又少。与此相对，近年来特别受到专家们重视的观点是，日本神话的主要发源地不在南洋，而是从中国的江南地区经由中南半岛直到印度的阿萨姆这一片亚洲大陆东南部地域。越来越多的研究者认为南太平洋神话之所以会与日本神话存在类似，正是因为产生于这一地域尤其是中国江南地区的神话，一方面传播到了日本，另一方面经由中南半岛传播到了密克罗尼西亚、波利尼西亚等岛屿。

日本的史前文化中确实包含了数量庞大的来自亚洲东南部地域影响的要素。首先一个极为重要的事实就是，与日本神话有着密切关系、无法剥离出来的水稻耕作是在弥生时代的早期从中国江南地区传播到日本的。再者，如前面的章节所论述的那样，很多学者认为在绳文时代的日本先于稻作文化就已经存在着某种农耕文化，并且这些学者推定这种农耕文化的起源地正是中国的江南地区。

此外，时至今日已经成为专家们一个共识的就是，南太平洋岛屿上那些原住民的文化当中也包含着为数众多起源于亚洲东南部地域的要素。

这样一来，亚洲东南部地域特别是中国的江南地区被认为是日本与南太平洋所共有的这些神话的故乡，则是以这样坚实的科学前提为出发点的。然而，直到目前为止，支持这一立场并且不断进行研究的学者们还没能够成功地证明，我们在前两章中看到的那些日本与南太平洋地区之间结构极其类似的神话的所

有原型都是来自亚洲东南部地域，尤其是中国的江南地区。

阐释得更加具体一点的话，可以说到目前为止，我们还没有在中国江南地区的文化传承中发现能够和去海底寻找鱼钩的传说、垂钓岛屿的神话以及诞生国家的神话等完美对应的神话传说。

尽管如此，这也不能成为将中国的江南地区视为日本神话的原乡的学说的致命硬伤。这是为什么呢？因为就我们现在的知识水平而言，对那些大约相当于日本史前时代就居住在中国江南地区的诸多民族的

古埃及的哈托尔女神

神话还知之甚少。考虑到如上所述的资料上的制约，能够从亚洲东南部地域的传承与日本神话的比较当中研究出这样丰硕的成果，不是更加显得耀眼夺目么？

二、同龙女结婚

就如同我们之前所言的那样，我们虽然特别重视东南亚，然而还没有在该地区发现类似于去海底寻找失去的鱼钩的传说。但是大林太良先生已经在中国古书《搜神记》第四卷中发现了一些似乎可以认为是这类传说痕迹的记载。例如小刀或发簪，原本是在中国江西省宫亭湖的庙堂之中供奉的，最后竟然在腾跃出水面掉到船上的鱼的腹中被发现。一则鄱阳湖的传说中，一名渔夫遗失了自己的船锚，他潜入湖底，竟然发现有名女子将其作为枕头，渔夫最后找回了船锚回到了陆地上。除此之外，我们还可以在中国长江下游以南的地区发现以

古埃及女祭司拜女神

和龙女结婚为主题的传说，数量众多，这些传说都可以让人不由自主地联想到日本神话中山幸彦与丰玉毗卖的婚礼。大林太良先生特别重视《搜神记》中一些与日本的海幸彦·山幸彦神话相类似的传说，比如妻子从丈夫那里逃亡、兄弟争斗、龙宫得宝等等。

其实在中国长江流域自古以来就流传着广为人知的传说，这类传说能够与山幸彦和丰玉毗卖的离别相对应。传说中来自水界的女子已经成为人类妻子，但是在某种情况下因为其庐山真面目被人窥见，所以只得告别丈夫与孩子，回到自己原本的世界。接下来所举的《搜神记》第十四卷的记载就是这类传说的典型之一：

汉灵帝在位之时，江夏郡有一位姓黄的人。一天，他的母亲在澡盆中洗澡，过了许久都未见她出来，家人发现待在澡盆里的竟然是一只海龟。侍女见状吓得魂飞魄散，奔走相告，家人也为此手忙脚乱。最后那只海龟潜入海流深处，不见了。

在中南半岛可以发现很多讲述王朝起源的故事，这些故事大体由与龙女结婚的神话变形而来。例如流传在缅甸北部掸族的一则传说，是有关缅甸国家始祖的，其中就含有与龙女结婚的丈夫没有听从妻子的劝阻，因为目睹了妻子的真面目而不得不与妻子诀别的逸闻。

这则传说中的主人公与水中的龙王之女结婚，在其宫殿中度过了好几个月恍如梦境般幸福的日子。在此期间，龙王为了不吓着自己的女婿，就命令手下的神龙们统统幻化为人形。然而一年一度的雨水祭典终于还是到来了。只有到了这个祭典上，神龙们才不得不恢复其龙的姿形。龙王的女儿再三警告自己的丈夫在祭典结束之前绝对不可以走出宫殿半步。接着她自己也变回龙的形状，加入到祭典的行列。

然而男主人公终究还是无法抑制自己的好奇心，不顾妻子的规劝偷偷地爬上宫殿的屋顶。于是乎，他看到在宫殿的周围有无数条巨龙蜿蜒着身子。目睹此情此景，主人公不禁对于身处龙神的国度心生厌倦。傍晚，当恢复人类模样的妻子来到他身边的时候，男人立刻提出想回到人类世界与自己年迈的父母一同生活。龙王的女儿认为丈夫的愿望合情合理，于是将他送回了陆地。不久龙女产下了一枚卵，对自己的丈夫说一定要好生照料从卵中诞生的孩子，之后就回到了水中。

那个从龙女的卵中诞生的儿子长大之后，在母亲的帮助下最终和中国皇帝的女儿结婚，成为缅甸这个国家的第一位国王。

三、洛奇赞王子的传说

下面这则柬埔寨的传说，不仅包含在水下与水底世界的女性结婚的主题思想，而且在其他几个方面也都和日本的山幸彦神话极其相似。故事的梗概如下：

有一天，为了寻找人世间的幸福而四处旅行的洛奇赞王子来到了一处美丽的河边，感到口渴的他，正要寻找可以掬水喝的荷叶的时候，一个女奴抱着水罐出现在他的前面，她正准备给这个国家美丽的公主凯奥·法汲水洗澡。洛奇赞王子向女奴讨要一杯水，女奴答应了，爽快地将壶中的水分了一些给他解渴。

回到王宫的女奴一边给公主凯奥·法洗头，一边讲述自己在河边遇到的事情。就在这时，公主感觉到什么东西碰到了自己的头发，伸手一摸，原来是一枚戒指。公主将戒指戴在自己的手上，命令女奴回到河边探察情况。而此时，洛奇赞正因为遗失了母亲赠予自己的珍贵戒指而痛苦不已，他努力地在四周搜寻着。女奴回到宫殿将所见报告给了公主。公主再次命令女奴来到洛奇赞的身边，告诉他说："如果你和这个国家的公主结婚的话，那么那枚戒指必将再次回到你的手里。"

洛奇赞立刻来到了王宫，向国王提出要和公主凯奥·法结婚的申请。国王一眼就看出洛奇赞没有恶意，但是在答应他与公主的婚事之前，为了测试他的能力，还是给他出了几道难题。第一道难题是要求他在第二天清晨之前将散布在庭院、农田和森林中的大米收集起来，装满大簸子，一粒不剩。洛奇赞在鸟儿的帮助下最终得以完成这个任务。

国王的第二道难题就是将簸子中的大米倒入河中，在第二天清晨之前必须一粒不剩地收集起来。洛奇赞这次则是央求河里的鱼儿帮助自己收集大米，但是数来数去就是少了一粒。于是乎他再次召集起鱼儿，质问它们到底是谁吞了一粒大米。有一尾鱼儿答道："是我吞吃了大米，以为就算是少了一粒也不会有人知道的。"

第三道也是最后一道难题——辨认手指。宫殿大厅的隔板上有许多洞，王族和大臣们的女儿都将手指伸了出来。国王要求洛奇赞必须能够辨识出哪只手指才是公主凯奥·法的。洛奇赞选择了一只指甲间夹有米粒的美丽手指。隔板撤去之后，出现在洛奇赞面前的果然是美丽无比的公主凯奥·法，她戴着洛奇赞遗失了的那枚戒指。在众人的欢呼声中，他们的婚礼开始了。

诚如大林太良先生所指出的那样，这则神话在若干问题上都与日本神话非常相像。首先，无论是洛奇赞还是山幸彦，都是在水边遇到了为公主打水的婢女，并且喝了婢女所携带的容器中的水。不同之处在于，山幸彦将项链上的一块玉放入了容器中，而洛奇赞则是将戒指遗失在了容器中，并且以此为契机来到了宫殿，得以与公主完婚。洛奇赞为了找回重要的戒指才来到了公主的宫殿并同她结婚的传说，在另一方面又让我们想到了日本神话中丢失的鱼钩这个主题。其次，洛奇赞将鱼儿召集起来询问是谁吞吃了大米这个情节，和日本神话中海神将大小鱼儿召集起来询问是谁拿走了山幸彦的鱼钩的情节具有相似的中心思想。

这样看来，虽然目前在中国的江南地区以及中南半岛尚未发现为了寻找丢失的鱼钩而来到海底的传说，但是却发现了很多在其他点上与海幸彦·山幸彦神话相似的神话。必须承认，我们视为研究问题的关于日本神话的构成主题思想，的确有不少就分布在这个区域之中。

四、山与海的对立

认为日本的海幸彦·山幸彦神话可能是起源于亚洲东南部地域的看法，还可以从别的观点上进行解读。

日本的海幸彦·山幸彦神话中反映了规模宏大的宇宙论观念，该宇宙论观念恰恰是第二章列举的与之类似的南太平洋神话中所不具备的要素。它将海洋与山峰视为互相对立的宇宙间的两大原理。这种二元论观念认为，正是两种原理的争斗才最终引发了海啸或者洪水。然而有一点需要特别注意的是，这种认为海洋与山峰两大原理的对立才引发海啸或洪水的观念其实广泛分布于中国江南至阿萨姆这一地域。

将海洋与陆地视为宿命对立、互相抗争的不同领域的观念也深深地根植于越南人的内心深处。下面这则反映此种观念的逸闻，其实是一个真实的历史事件："有一次，一群法国人捕获了一头大象，为了将猎物的脚制作成花瓶，就命令越南人用帆船将象脚运送至西贡①。但是令人奇怪的是，没有一个越南人愿意接受这份差事。他们之所以拒绝，理由是他们深信大象是陆地的统治者，而鲸鱼是海洋的统治者。如果将象脚搬运到大海上，鲸鱼就会认为大象侵犯了自己的领域而发怒，最终会将船只弄沉。"

以下是《大越史记全书》外记中的一则越南神话，从中我们可以清清楚楚地看到这种认为海洋与陆地对立是引发洪水的原因的观念：

> 传说文郎国的国王雄王有一个容貌出众的女儿，名叫媚娘。山神和水神都很想和媚娘结婚，山神抢先一步前来拜访并提亲，国王就将女儿许配给了山神。得知这一切的水神勃然大怒，率领自己的虾兵蟹将，乘着滔天的洪水杀将过来，最终还是被山神击退。不过也因为这件事情，山神和水神水火不容，势不两立，每年会发生洪水来互相攻伐。

阿萨姆西部地区的加罗人之间流传着一则与此极其相似的神话：

> 很久很久以前，特乌拉山的女儿西梅拉与布拉马普特拉河的儿子辛格拉结婚了。按照加罗人入赘婚的习俗，辛格拉住到了妻子家。但是因为西梅拉的厨艺实在过于糟糕，辛格拉根本无法咽下那些食物。最终，难忍饥饿的辛格拉决定回到母亲布拉马普特拉河的身边。谁知道辛格拉终于还是因为饥饿和疲劳死在了母亲的面前。目睹了儿子遭此厄运的布拉马普特拉河与辛格拉的哥哥将古拉河一道下了七天七夜的大雨，试图用洪水将特乌拉山淹死。后来特乌拉山跑去向太阳求情，才得以摆脱这个厄运。

在这则神话中，山峰与海洋的对立置换成了山峰与河流的对立。但是就山峰的统治者和水界的统治者因为婚姻而发生争执，最后引发了洪水这一点而言，都与之前的越南神话如出一辙。

---

① 今胡志明市。——译注

五、吴越之争=海陆之争

话说回来,在中国的江南地区自古也流传着像前面列举的那些因为陆地与海洋的对立而引发洪水的传说。众所周知,江南地区在春秋时期曾经存在过两个强大的国家——吴国和越国。公元前 5 世纪初期,吴王阖闾与吴王夫差这对父子和越王勾践之间的那些惊心动魄的斗争,给我们今人留下了诸如"卧薪尝胆""会稽之耻""东施效颦"等很多熟悉的成语和戏剧般的故事。

在大林太良先生看来,吴越之争其实就是代表海洋本原的吴国和代表山峰本原的越国之间的对抗。面对以长江三角洲为根据地的吴国,唐代诗人卫万曾赋诗云:

君不见吴王宫阁临江起,不卷珠帘见江水。

而诗人李绅也赋诗道:

烟水吴都郭,阊门架碧流。

由此可见,定都于水乡姑苏的吴国,原本就是一个典型的与水有着深厚缘分的水乡之国。与此相对,越国的根据地则位居被称为"神山"的会稽山一带。

越王自称为夏代始祖大禹的后裔。而大禹正是在五帝之一的尧治理天下时和父亲鲧一道励精图治治理滔天洪水的那位人物。《史记》这样描述那场洪水:"当帝尧之时,鸿水滔天,浩浩怀山襄陵,下民其忧。"

传说尧曾经命令鲧去治理洪水。但是鲧却盗走了天上的一种叫作息壤的土壤,据说这种土壤可以自然增大,鲧用它去修筑山峰和堤坝来阻挡洪水。鲧的盗土之举惹怒了天帝,被处死在羽山之上。大禹的出生很离奇,是父亲死后三年从其尸体上诞生的。之后大禹被舜任命去治理洪水,在舜去世之后继任了帝王之位。传说大禹的妻子是会稽山附近的涂山之女,而且大禹在临死之前曾召集诸侯于会稽山,之后就驾崩于此地。会稽山之名也得于此典故,含有"集会商议"之义。根据传说,大禹死后就葬于会稽山下。

这样一来,越王家族的祖先就这样不可思议地诞生于山中,治理了威胁到山峰的大洪水,与山的女儿结婚,死于山中又葬于山中。会稽山就是神话中祖先的墓地所在地。当然,会稽山本身也象征了吴越之争。吴王夫差为了给父王阖闾报仇,几经征战终于打败越王勾践的大军,将越王和他仅存的五千兵马困在了会稽山中。勾践派出使者来到夫差的面前,提出了一项极其屈辱的议和条件:"我愿意成为大王的臣下,我的妻子则成为大王的小妾。"这样才得以保全性命。这之后,勾践卧薪尝胆,每每质问自己:"难道你忘记了会稽之耻了么?"这样,国力日渐增强，终于将夫差消灭，一雪会稽之耻。

东汉有一位叫袁康的人，与吴平合作写了一部《越绝书》。据书中记载，在吴越之争中扮演过重要角色的吴国谋臣伍子胥曾经说："吴越本互为邻国，风俗亦相同无二，皆因越国有座神山，为此两国终将互为水火之势。"大林太良先生分析认为，这句话表明了代表海洋本原的水之国吴国与代表山峰本原的神山之国越国之间不可抗拒的对立关系。我赞同先生的这个见解。大林先生进一步分析，根据传说，越国敬献给吴王夫差众多美女，让其终日沉迷于女色，最终亡国。而成为吴国亡国主要原因之一的美女西施就出生于会稽山附近的苎萝村，她原本是当地劈柴老翁的女儿。大林先生曾说："时值吴越相争，让吴王夫差沉溺于女色不能自拔的她出身于越国，过去有过《山中女》一文，正是说明了越国代表了山峰的原理。"

六、异常的潮汐

成为吴越相争舞台之地的中国江南地区，有一个异常的自然现象，人们自然而然地认为这个现象的由来与吴越之争有关，这个奇异的自然现象就是著名的浙江钱塘江大潮。

钱塘江在注入杭州湾的入海口处形成了三角洲，每日涨潮之时，海水都由此处逆流倒灌入河，并且与奔腾而来的河水发生激烈的碰撞。最终，潮水战胜了河水，掀起水花响彻如雷。高达3米的波涛，以每小时20公里的速度逆流而上，甚至可以抵达浙江省北部的桐庐附近。

这个壮丽的潮汐现象最为激烈的时候就是中秋节前后，那个时候为了一睹潮汐的壮美，大批大批的人群从各地聚集而来。特别是中秋之后的第三天，阴历的八月十八日，被称为观潮节，是观潮的最高潮。以前曾经举行过一种争夺奖赏的弄潮祭典，这一天，文身且出身于吴地的游泳高手们就会手持大旗，自由自在地游弋于波涛之间而不会让大旗打湿，他们甚至会伴随着潮汐奋力跃上河口，博得观潮人的阵阵喝彩。

很多歌咏潮汐景象的诗作都会提及这个发生在钱塘江入海口的异常的潮汐现象。根据一则非常有名的传说，钱塘江大潮是伍子胥的灵魂所引起的。这位名臣曾经苦口婆心劝说吴王夫差，必须消灭越国，否则后患无穷。

吴王夫差不仅没有听从这位忠臣的进言，最后竟然命令他自杀身亡，而后将其尸体装入马皮袋里扔到了钱塘江之中。之后民众都传言，有时候可以清楚地看到骑着白马的伍子胥的灵魂隐藏在波涛之间，轰鸣的潮水就好像是部队的战鼓，他乘着汹涌的大潮，朝着越国故地而去。

吴越之争中，越国一方扮演着像吴国伍子胥那样起着重要作用的人物是越王勾践的忠臣文种。传说中，文种是和伍子胥一起引发了潮汐的人。文种最终的结局也是被勾践逼迫自杀，死后尸体葬在三峰山下。一年之后，伍子胥的灵魂由海上而来，穿过三峰山将文种带走，一起沉入海中。也就是从那个时期开始，伍子胥从海上发起的潮水和文种从山中流出的河水互相冲突，彼此相争，这才在钱塘江的入海口引发了大潮。

七、二元论的世界

上面的传说认为，钱塘江入海口发生的这个异常的潮汐现象是由代表水的原理的吴国和代表山的原理的越国这两个江南地区的强国间的斗争而引发的。尸体被水冲走的水乡之国吴国的重臣伍子胥的灵魂为了报复越国而发起潮汐，与伍子胥对应的是死后被葬在山上的越国重臣文种的灵魂发起的从山中流出的河水，二者互相冲突，就这样大潮诞生了。也就是说，这个传说明白无误地反映了和日本的海幸彦·山幸彦神话中相同的因素。可以看出，因为海洋与山峰的对立而引发了潮汐或洪水的二元论世界观。换言之，这个世界观与之前我们分析过的那些构成海幸彦·山幸彦神话的各种主题一样，都可以在从中国东南部经中南半岛到阿萨姆地区发现。

前面讲到观潮节上进行的弄潮仪式，大林太良先生据此更进一步分析指出，我们需要注意的是那些乘着汹涌的波涛表演惊险水上特技的人都是出身于吴地的渔民。我们也可以认为朝着陆地逆流而来的海水与吴国本来就是一体的。这些在潮汐中奔腾跳跃的渔民的演技，和日本神话中快要淹死的海幸彦的一连串的动作很相似，这不由得让我们想起了隼人的舞蹈。

正如我们所看到的那样，大林太良先生也主张海幸彦·山幸彦神话的元祖形态就是发生在中国江南地区，这种可能性非常大。

第二节　鱼化身为陆地和残疾儿的出生

一、鱼变陆地

日本神话当中，可以与海幸彦·山幸彦神话一样与南太平洋有着最为深切关系的部分，就是我们在第二章叙述的以伊邪那岐、伊邪那美两位夫妻神为主人公的部分。近来有很多的专家都认为伊邪那岐·伊邪那美神话的起源地就是中国的江南地区。确实如前面论述的那样，在本章被我们视为研究对象的东南亚还没有发现可以完全和日本·南太平洋所共通的例如垂钓岛屿型和诞生岛屿型的陆地创造神话正确对应的传说。近来有关日本的陆地起源神话以及南太平洋的垂钓岛屿型神话与中国神话之间的关系，有专家指出了如下的重要事实。

第二章已经介绍，在新西兰神话中，主人公麻乌依从海中钓上来的陆地最初是一条巨大的活生生的鱼。这种认为岛屿原来就是大鱼的神话在波利尼西亚其他岛屿的传承中也可发现。比如，社会诸岛上就有这样的神话：

> 很久很久以前，一条狂暴的大鳗鱼切断了陆地的根基，陆地像鱼一样在海面上漂浮起来。塔阿洛阿神的伟大工匠津固定住了这条漂游大鱼的头和尾。鱼的身体变成了塔西提岛，第一片背鳍变成了比塔西提岛还要高的奥劳海纳山，第二片背鳍落了下来，形成茅奥莱阿岛。从鱼的身体上掉下来的其他断片变成了美海提阿和泰提阿劳阿等小岛。

另外，这则神话还有别传：

> 塔西提的人们乘坐这条鱼的陆地，因为不知道要游向何处而感到不安。他们割断了鱼的筋腱，让它动弹不得。最初有几位武士用石斧在地上乱砍一气，没有任何效果。接着武士塔法伊使用了一种名叫泰·巴·符录·努伊·玛·泰·维阿·塔乌的石斧，割断了鱼的筋腱，取得了成功，另外还切断了大鱼的咽喉，鱼终于不动了。塔法伊将鱼的头部与身体相接的地方切开，塔拉沃阿地峡由此而生。

如此这般，陆地原先是一条在海上漂游的鱼，这样的想象在第二章中亦有所触及。日本神话中，在淤能碁吕岛被创造出来之前，国土的状态在《日本书纪》中表现为"开辟之初，洲壤浮漂，譬犹游鱼之浮水上也"，《古事记》中描写道："时大地尚未成熟，如漂浮之脂，亦如水母漂流。"另外，《出云国风土记》中讲述了一个非常有名的"拉来国土"的故事：八束水臣津野命认为出云国的国土太小了，就取来一把像幼女胸脯那样平的锄头，如同撕开一片鱼鳃那样，将新罗的三埼切了下来，用三根搓在一起的网绳，一边喊着"国土来呀，国土来呀"，一边使劲地拉拽。在杵筑的御埼，八束水臣津野命就这样经过数次拖拽，拉来国土，扩充了出云国的疆界。故事当中，把陆地的获得比作捕获一条大鱼，与南太平洋的垂钓岛屿型神话具有相似的想象，松本信广氏早已注意到了这一点。

日本神话的源流 | 053

二、漂浮的蓬莱山

伊藤清司先生研究指出，像这样的传说——陆地原本是漂浮在海面上的一条大鱼的神话的痕迹，可以认定在中国有关蓬莱岛的传说中同样存在。众所周知，蓬莱山、方丈山以及瀛洲山一起被称为"三神山"，人们相信神山漂浮在遥远的渤海湾上，如果有人试图接近的话，马上就会出现海市蜃楼，然后神山就会消失不见，三神山是凡人永远无法抵达的仙人之地。秦始皇也曾经被这个传说打动，派遣方士徐福带领三千童男童女下海去寻找蓬莱山上的不死不老的神药。这则神话可谓尽人皆知。除此之外，传说齐国的威王和宣王，燕国的昭王，以及汉武帝也都曾经派人寻找过蓬莱神山。

有关蓬莱等神山，在《列子·汤问》中有如下详细的记载：

渤海之东不知几亿万里，有大壑焉，实惟无底之谷，其下无底，名曰归墟。八纮九野之水，天汉之流，莫不注之，而无增无减焉。其中有五山焉：一曰岱舆，二曰员峤，三曰方壶，四曰瀛洲，五曰蓬莱。其山高下周旋三万里，其顶平处九千里。山之中间相去七万里，以为邻居焉。其上台观皆金玉，其上禽兽皆纯缟。珠玕之树皆丛生，华实皆有滋味；食之皆不老不死。所居之人皆仙圣之种；一日一夕飞相往来者，不可数焉。而五山之根无所连著，常随潮波上下往还，不得暂峙焉。仙圣毒之，诉之于帝。帝恐流于西极，失群仙圣之居，乃命禺强使巨鳌十五举首而戴之。迭为三番，六万岁一交焉。五山始峙而不动。而龙伯之国有大人，举足不盈数步而暨五山之所，一钓而连六鳌，合负而趣，归其国，灼其骨以数焉。于是岱舆、员峤二山流于北极，沉于大海，仙圣之播迁者巨亿计。①

根据这则传说，蓬莱等神山原本都是无时无刻不随波上下摆动的漂浮岛屿，因为被巨大的海龟用头部支撑了起来，才第一次变得安定下来。然而大海中支撑陆地的这些巨大的海龟，其中的六只被巨人钓了上来，所以五座岛屿中的两座就被海流给冲走了。这个传说有可能就是由垂钓岛屿型神话演变而来的。

可是在别传当中，蓬莱山并不是由巨龟的头来支撑的，而是被驮在龟壳之上。另外，山在巨龟的背上也不是静止不动的，而是不停地摇晃着。《楚辞·天问》第五段曾言：

鳌戴山抃，何以安之？

---

① 森三树三郎：《中国古代神话》，清水弘文堂书房，1969年，第229页。——原注

17卷本《楚辞章句》的作者东汉人王逸曾引用《列仙传》对这句话进行了注释。《列仙传》曰："有巨灵之龟，背负蓬莱之山而抃舞，戏沧海之中。独何以安之乎？"

伊藤清司先生分析说，屈原这句"何以安之"的设问句其实就是在暗示，如果不是某种力量的话，巨龟背上的蓬莱山必定是一刻不停地在浮动着。通过这一句，我们可以看到这样的神话观，即原本漂浮不定的蓬莱山是通过创造神或者英雄神的某种行为才第一次得以固定，于是这个世界才开始了。

三、鱼类岛屿型神话

不用怀疑，在这则蓬莱岛传说之中，必定强烈反映着神仙思想。因为龟原本就是长寿的象征，而由巨龟驮着不老不死的仙境，这在神仙思想的观点来看是再合适不过的了。如果我们换个角度来思考的话，那么在还没有接受到神仙思想的润色之前，假定曾经是蓬莱岛传说的原型"漂浮的岛屿传承"确实存在的话，与这座岛屿发生关系的水生动物原本就可能不是龟而是鱼类了。

关于以上的假设，伊藤清司先生作了一个颇有意思的研究：

1972年中国长沙马王堆西汉墓出土了一件引人注目的表现神话的彩色帛画。在呈壶形的画面中，描绘着以死者软侯夫人为中心的下界的面貌。整个壶形的世界是由一位巨人支撑起来的，这很容易让我们联想到希腊神话中的阿特拉斯那样的裸体的巨人，而在巨人的脚下则刻画着两尾巨大的鱼。

伊藤先生引用中国考古学者商志䪨先生的学说，认为这个壶形的世界也被称为蓬莱，很有可能就是在表现自古以来就被世人认为呈现出壶形的蓬莱岛。而帛画的整个画面都宛如遥远海上的壶，进而推测认为可能是"在描写出没于水面之上漂浮的蓬莱仙岛以及与此有莫大关系的大鱼。并且这些大鱼也在讲述着用背来支撑'漂浮的岛屿'的传承"。

伊藤先生认为，通过《史记》中的一则记录也可以确认漂浮的蓬莱岛屿传承中，浮动的岛屿不是由巨龟而是由大鱼来支撑的痕迹。

如前所述，秦始皇派遣方士徐福乘坐大船出海寻找蓬莱仙岛，希望取回不老不死的神药。然而徐福花费了巨额的费用，又耽误了数年的时间，还是无法寻得神药，害怕被惩罚的他伪造了一份报告：

"启禀陛下，如果能够登上蓬莱的话，确实可以取得神药。然而臣等一直被巨鲨所扰，不得登岛。恳请陛下派遣神箭手随同臣等一同前往，如若巨鲨再次出现，就可以让神箭手连发数箭而将其射杀。"

于是乎，秦始皇不仅制作了捕获大鱼用的工具，而且自己也拿着一把强弓

中国长沙马王堆1号墓出土的帛画

加入了捕鱼一行,一旦大鱼出没,就立刻将其射杀。一行人来到了一个叫作芝罘的地方,并在此射杀了一条大鱼。然而不久之后始皇帝就身染重病,驾崩于旅途之中。

伊藤先生分析认为,为了到达出没于海上的蓬莱岛而不得不捕捉大鱼的传说,与为了固定"漂浮的岛屿"而伤害鱼类的南太平洋的"鱼类化身的岛屿"型的传承以及日本的"国土牵引神话"都属于同一个类型。妨碍秦始皇一行人前行的大鱼极有可能就是自古具有浮游不定的"鱼类岛屿"观念的蓬莱岛自身。

伊藤先生进一步指出,笃信远古的陆地是鱼类本身或者由大鱼支撑着的"漂浮的岛屿"样的鱼类岛屿型神话体现在居住于中国西南的彝族人的创世神话中,这则创世神话是这样的:

在天地都已形成,但是人类还没有诞生的远古时代,圆圆的大地被三尾大鱼支撑着,只要大鱼一跳,大地也跟着晃动。天上的银龙神赠予阿托一条银锁链,让他将大鱼捆绑起来。大鱼终于被紧紧地绑了起来,再也不能跳跃了,于是大地也不再晃动了。

四、兄妹婚与残疾儿的出生

伊邪那岐·伊邪那美神话在"垂钓岛屿""诞生国土"等主题方面,与波利尼西亚的神话具有相似性;另外在其他方面,与亚洲东南部地域特别是中国南部分布密集具有独特形式的"人类起源神话"相关联。《古事记》记载伊邪那岐和伊邪那美在远古时期的高天原,是在淤母陀琉神和阿夜诃志古泥神这对夫妇神之后生成的神灵。据《日本书纪》，这位阿夜诃志古泥神还有一个别名叫作青橿城根尊。此段之后引用的第一个"一书"记载，伊邪那岐、伊邪那美两位神灵是青橿城根尊的孩子。也就是说，在古典神话当中，男女二神是再清楚不过的兄妹关系。

这对兄妹神降临原初海洋当中出现的最初的名叫淤能碁吕岛的陆地上，关于最初的夫妇交合时的情况，在《古事记》中如此叙述：

二神降到淤能碁吕岛上，立起一根天之御柱，建造了一座"八寻殿"。接着，伊邪那岐询问伊邪那美："你的身体怎么样？"伊邪那美回答："我的身体基本上长成，只是有一处没有合上。"伊邪那岐说："我的身体也长成了，只不过多了一处。那么，用我身体多余之处插入你身体未合之处，生产国土，如何？"伊邪那美回答"可以"，表示同意。

于是，伊邪那美说："那么我和你分别从各自的方向绕着柱子走，在相遇的地方结合吧。你从右边绕，我从左边绕。"照此约定，二神开始围着柱子转。在相遇的地方，伊邪那美首先开口，夸赞伊邪那岐道："好一位美男子啊。"伊邪那岐随后夸赞伊邪那美："好一位美女子啊。"接着伊邪那岐说："女方先开口是不好的。"二神就此交合，生下了水蛭。因为这个孩子生下就是有缺陷的，所以二神将他放进芦苇船中，让他随水流去。接着他们生下淡岛，这个生下来时也有问题，就没有列入儿子的数目当中去。

二神商量后，前往天上，询问天神的意见，为什么生下的孩子都是不健全的。天神将鹿的肩胛骨烧掉，占卜了一卦，跟他们说女人先开口是不好的。于是，二神返回淤能碁吕岛，按以前的方式继续绕柱而行，这一次伊邪那岐先开口："好一位美女子啊。"伊邪那美随后说："好一位美男子啊。"二神交合，生下了淡路岛、四国等岛屿。

五、洪水神话

伊邪那岐·伊邪那美神话的这一部分构成的内容是这样的：世界被大水覆盖之时，最初出现在陆地上的是两兄妹。兄妹二人结婚，最初生下的孩子是一个残疾儿，他们向天神询问并重新纠正过去的行为，这才开始生下满意的孩子。松本信广氏等人指出，中国台湾的阿美人中流传着与此十分类似的故事：由于大洪水人类灭亡，一对兄妹活了下来，他们是现代人类的祖先。故事讲述的是洪水神话的形式。

日本神话的源流 | 057

阿美人神话中的一则故事形式是这样的：

　　大洪水的灾难突如其来，一对兄妹坐进一只大磨里逃生。他们漂到了里牙津山，在那里定居并结婚。最初生下的孩子是一条蛇，第二个孩子是一只青蛙。两人感到很沮丧。天上的太阳神闻到异样的臭味感到奇怪，便派遣一位御子神下来查看情况。兄妹二人害怕受到惩罚，正准备逃跑，被御子神制止了，他们便把发生的情况和盘托出。御子神便回到天上向太阳神报告。太阳神重新派遣两位神灵去兄妹俩的住处。两位神灵携带着一节竹子从天而降。降落地上后，他们把竹子一分为二，从中取出了一头猪。又把猪肉分成三份，一份敬奉神灵，一份赐予兄妹，还有一部分他们带回天上举办宴会。兄妹重新结婚，此后，他们顺利地产下了两个女孩和一个男孩。

还有一种故事形式，是这样的：

　　坐在磨中逃生的兄妹，最初生下了两个怪物。这两个怪物一个被横着放进水里丢弃了，还有一个笔直地在水中游走了，他们分别成为螃蟹和鱼的祖先。兄妹二人感到失望，就向月亮询问原因。月亮对他们说："这是兄妹结婚的缘故。"并传授方法："不如这样，你们在中间隔一张席子，在席子中间开个洞，这样交合比较好。"兄妹俩依言而行，生下了一块白石头。哥哥死了以后，妹妹整日抱着这块石头，最后从石头中生出了四个孩子。

六、伏羲女娲神话

　　与阿美人的洪水传说具有类似内容的故事，在中南半岛、中国大陆、南太平洋的一部分地区都有分布，尤其是在中国的西南地区少数民族中发现了数量可观的此类故事，苗族、瑶族、彝族等等在很多情况下都把故事的男女主人公设定为伏羲和女娲。在中国西南地区少数民族之间传承的伏羲女娲神话，在很多方面都与日本神话具有相似性，这一点需要注意。

　　这些神话讲述的也是兄妹婚，他们在可以设想为日本神话中天之御柱的树木、山等等高耸竖立之物的周围绕圈而行。这种婚姻最初生出的孩子，相当于古典中记述的"水蛭"（《古事记》）或者"蛭儿"（《日本书纪》）。《日本书纪》原文中和第一个"一书"中记载，这位初生的"蛭儿"到了三岁仍然双脚不能站立，从叙述中看，很明显具备水蛭的外形。和日本神话中的水蛭相同，很多神话中出现了无手无脚无眼无口无鼻的肉块或者残疾儿。

伊藤清司介绍了从中国瑶族采集而来的两则故事，与日本伊邪那岐·伊邪那美神话非常相似，故事的概要如下：

1.由于大洪水人类灭亡，唯独伏羲、女娲两兄妹幸存下来。两人经常升到天上去，一边嬉戏一边度日，日久天长，哥哥产生了娶妹妹为妻的欲望，于是向妹妹逼婚。一开始女娲断然拒绝伏羲的请求，但是拗不过哥哥的反复要求，最终只能让步。

"你在后面追我，如果捉住我，那我就做你的妻子。"

说完，妹妹绕着大树跑了起来。伏羲拼命地在女娲的身后追赶，终于捉住了她。于是两人结为夫妇，不久妹妹生出了一块肉球。

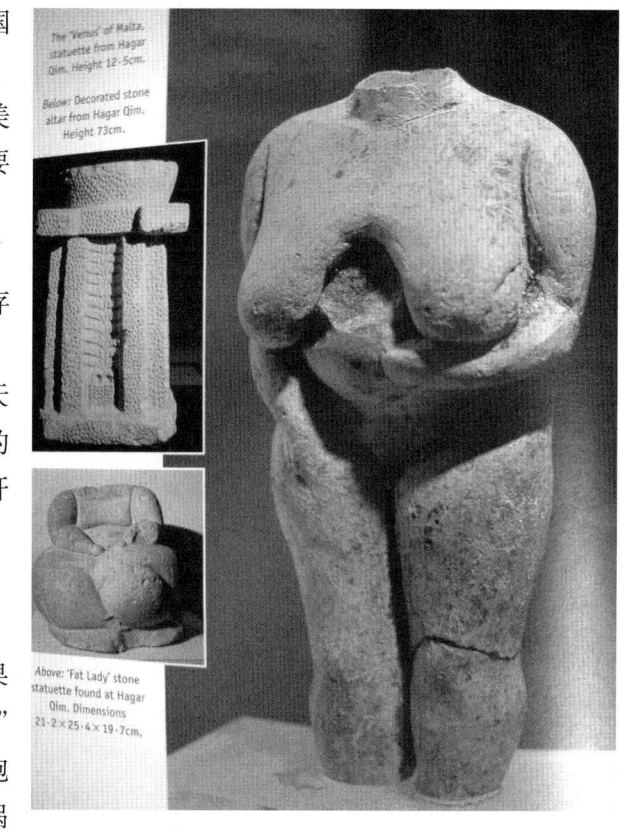

马耳他出土新石器时代陶塑母神像

2. 从大洪水中活下来的伏羲、女娲兄妹，除了结为夫妇生儿育女之外别无他法。哥哥向妹妹求婚，女娲开始没有答应。她跟哥哥提出："我先跑，你在后面追赶。如果追上我，就结婚。"于是妹妹绕着大山跑了起来。伏羲拼命地在后面追赶，可是妹妹跑得太快，他追了七圈也没有追上。这时出现一只龟，它向伏羲建议只要往相反的方向跑，很快就能追上女娲。伏羲听从龟的建议，与女娲迎头撞上。

女娲听说主意是龟出的，很是生气，她表示仅仅这样还是不能跟伏羲结为夫妇，并提出另外一个可以占卜能否结婚的办法。两人决定将石磨的上下两块石头分开，各自从山顶往下滚，如果两块石头重合的话，两人就结为夫妻。兄妹俩背着石磨来到了山顶，往下滚的时候完全重合在了一起。依照约定，两个人结了婚。婚后生出的第一个孩子是一个肉块，伏羲愤怒地将肉块切碎，从肉片中化生出了人。

日本神话的源流 | 059

关于第二个神话，伊藤氏认为兄妹俩在绕着某物奔跑之后，占卜能否结婚的举动与日本神话中伊邪那岐、伊邪那美围绕天之御柱行走之后，为了询问结婚失败的原因前往天上占卜这些情节很类似。他指出，含有"神灵占卜"主题的同种类型传说也可以在彝族的神话中看到。

第三节　谷物的起源与日食

一、火田农耕的反映

如第三章所述，《古事记》中的大宜都比卖在《日本书纪》中表现为保食神，说明五谷的产生和农业起源的神话很明显属于由约翰逊命名的哈伊奴维丽型的神话类型。这种类型的神话，遍布于日本的周边南太平洋，从中国的江南地区到中南半岛、阿萨姆等亚洲东南部地域几乎没有发现典型的例子。但是大林太良却极有说服力地主张，在绳文时代末期这类神话伴随着在烧田上耕种杂谷的农耕文化，直接从中国的南部传到了日本。

大宜都比卖神话，的确是与烧田关系密切的一则神话。如第三章所述，《日本书纪》第二卷记述稚产灵神的头上生出了蚕和桑木，肚脐中长出五谷，这显然是大宜都比卖神话简略化了的异传。这里的稚产灵神是火神轲遇突智与土地女神埴山姬的儿子。火与土结婚，生下了一个能产生农作物的神，这样的故事里反映出了烧田农耕，几乎是不言而喻的。

据《古事记》中关于诸神诞生一段的末尾处交代，大宜都比卖本来由伊邪那美生出，而且出生时间先于迦具土神。也就是说，这位女神诞生后不久，她的母亲就因为生火神时身体遭到灼烧而死。临死前，伊邪那美痛苦不堪，大小便失禁，吐泻不止，土神、水神、谷物之神（稚产灵）等这些与农业有关的神灵相继产生。《古事记》这一处是整体上反映出烧田的神话，武田祐吉很早就已经注意到这一点并且明确地提了出来。

另外，还有一部分研究者早前就注意到，大宜都比卖神话所讲述起源的农作物，五谷即稻、粟等等，实际上更能体现出与所谓大宜都比卖神格息息相关的是代表杂谷的粟，而不是稻。《古事记》中关于国土诞生的段落里，四国诞生的故事是这样的：

其次生伊予之二名岛。这座岛屿具有一个身体四张面孔。每一张面孔都有一个名字。伊予国称作爱比卖，赞岐国称作饭依比古，粟之国称作大宜都比卖，土左国称作建依别。

这一段中针对四国的国名阿波，触及"粟"这个字，而别名用的是"大宜都比卖"，由此看出，大宜都比卖原本具有的神格与谷类有关，尤其是粟，二者关系密切。

在日本，大宜都比卖神话中反映出的农业形态，比起水稻耕作来好像更多的是烧田中的杂谷栽培。另外，这种类型的农耕，正如前面所阐释和最近佐佐木高明氏等人主张的有力的说法，日本绳文时代末期，从中国江南地区传来的可能性很大。

二、哈伊奴维丽型神话的变形

不过，如果将大宜都比卖神话与这种类型的农耕神话视为一同从中国江南传来的话，那么会有一个巨大的障碍。一开始就交代了，中国江南一带截至目前都不存在典型的哈伊奴维丽型神话。但是大林太良在《稻作的神话》（弘文堂，1973年）一书中运用了诸多资料，揭示出从中国的南部到中南半岛、阿萨姆等地曾经有过可以说明谷物起源的哈伊奴维丽型神话的痕迹。

大林氏认为哈伊奴维丽型神话是不断变化的，他举出一个从广东省瑶族和汉族中采集而来的传说例子：

广东省北部瑶族中有一个传说，古时候稻子只开花不结果。有一位高贵的女性，她用手挤压自己处女的乳房，将乳汁洒在稻花上，这时候美丽的稻穗才开始结果。这位女子为了让所有的稻子都结果实，便继续拼命地挤压乳房，直到最后乳汁挤完了，挤出血来。洒上鲜血的稻子，结出了赤米。

大林氏根据这则传说指出，从处女身体中挤出的乳汁和鲜血变成米这样的故事与哈伊奴维丽型神话，即女主人公生前从身体中排泄出食物等情节，是相呼应的。另外对于瑶族人来讲，赤米的价值比白米高，而赤米是在山地中的烧田中栽培出来的。换句话说，这则神话构成的是比瑶族在烧田里耕种的作物（陆稻、白薯、玉米、龙爪稗、粟、高粱、野芋）更为上等的种类的起源。大林氏又举出福建省及其附近以多种形式分布的水仙的起源传说，他主张这些可以作为哈伊奴维丽型杂类起源神话的变形进行解释：

很久以前，福建省漳州市龙溪县内有一位美丽的姑娘。父亲贪财，强逼着女儿与一位秉性恶劣的有钱人结婚。举行结婚仪式的那天早晨，姑娘自刎而死。她的尸骸被埋在后面的山上。到了清明节，姑娘的坟墓上长出了绿色的嫩芽，不久便开出了美丽的鲜花。众人见状，认为这是自杀的姑娘变成了仙人，她的灵魂成为花草，所以将此花唤作水仙。

还有另外一则相似的传说：

　　古时候，梅溪村有一位贫穷的寡妇，她除了有一个儿子以外一无所有。有一回，儿子外出，很晚都没有回来。家里仅剩下一点点饭，她舍不得吃，给儿子留着，然后一直在门口守望，等着儿子回来。

　　这时，来了一个乞丐，向她讨要食物。寡妇将留给儿子的饭给了乞丐，流出泪来。乞丐见状询问原因。了解了事情的缘由，乞丐便将刚才吃下的饭全部吐到田地中，然后自己投进旁边的池塘里。第二天早上，乞丐吐出的饭粒全部长出了花种，十多日过去了，开出了水仙花。

第一个故事，正如大林氏所说，是具有哈伊奴维丽型神话特征的主题故事——从尸体中长出植物。姑娘的尸体身首异处被埋葬，这一点具有哈伊奴维丽型神话的痕迹。第二个故事，大林氏特别注意到从嘴巴中吐出食物即含有施与恩惠的"呕吐"主题，指出这与日本神话从口中吐出食物招待月读命的保食神举动类似。

不过，福建的水仙传说基于以下理由并不是原来的水仙起源，而很可能是说明稻谷的起源。第二个故事的主人公——那个乞丐，他不知事情原委就把最后剩下的饭吃完了。而为了那位缺衣少食的贫穷寡妇，他又特意将吃下去的饭吐出来，吐在她的田地中。按照传说中所描述的长出美丽的花草，怎么看怎么觉得不自然。不如说是长出了稻子（或者另外一个品种），这样考虑的话会更贴切。另外，这则传说变化成为水仙起源大概是因为此处被称为"乞丐仙"的乞丐最终跳进水里的结果吧，所以与"水仙"这一词语相合罢了。

三、大宜都比卖神话的原型

大林氏同时注意到，从中国南部（广东、广西、云南、福建）到越南这一地区分布着大体情节为槟榔树或鸦片等是由女性尸体中产生的故事。

1. 一个女人死了。
2. 从她的墓中生出灌木丛。
3. 她的丈夫陶醉于这株植物的味道之时看到了妻子的幻影。

另外，住在中国西南端老挝边境附近的拉祜族的神话中，为了让天地分离、与天神对抗、给人类种种恩惠、如同希腊神话中的普罗米修斯一样的巨人洽努洽白出现了。洽努洽白被天神捕获并杀掉。据说"天神把洽努洽白的肉切下来，削成碎片，把它们埋在各个角落。把他的骨头用石臼磨成粉，装在大炮里打上天，粉末落在四面八方。最初发射的骨头粉末落在高山上，长出荨麻草。第二次发射的骨头粉末落在平原上，变成树木和竹林。第三发落在空中，变成羽蚁群"。

除此之外，大林太良又举出了在东南亚发现的与哈伊奴维丽型神话内容接近的传说，以及东北阿萨姆、老挝等地的多个故事，其中值得我们关注的是东北阿萨姆地区雷蒙谷族中流传的故事。故事中一位名叫派多·多戴·戴蒙谷的女人在死亡以后，骨髓变成了杂谷（粟、小麦之类）。

由此看来，的确如同大林太良所言，从中国的江南到中南半岛、阿萨姆地区，曾经存在着说明山地烧田中栽培的杂谷等起源的哈伊奴维丽型神话，它们可能就是日本大宜都比卖神话的原型。这一点值得考虑。不过，这也未必就否认我们在第三章讨论的内容，也就是日本在杂谷栽培传播过来以前就已经在烧田中体现出了与栽培芋类的古栽培民文化的关联，存在着芋类神话起源的哈伊奴维丽型神话的可能性。

四、引诱太阳出来

以上探讨的是南太平洋中相似的各种神话。再来关注一下历来被专家推断为亚洲东南部起源的重要神话——天照大御神的隐身天之岩屋的故事。这个故事众所周知，《古事记》中是这样叙述的：

从黄泉国返回后，伊邪那岐觉得自己曾经去过死者之国，决定清洗一下身上沾染的污秽，便在日向桥的小门名叫阿坡岐原的地方进行了被禊。伊邪那岐清洗左眼时生出天照大御神，清洗右眼时生下月读命，清洗鼻子时生下了建速须佐之男命。

伊邪那岐因为生下了三个高贵的孩子而感到高兴，他任命天照大御神治理高天原，委派月读命支配夜之食国，让建速须佐之男命治理海洋。不过，建速须佐之男命并不服从父亲的命令，直到胡须垂到胸前，长大成人，他还是想去母亲所待的地下世界，于是没日没夜地哭泣。伊邪那岐勃然大怒，把他从国土上驱逐了出去。

建速须佐之男命在去往地下之前，为了向天照大御神告别，于是来到高天原。天照大御神起初认为建速须佐之男命是为了夺取自己的国土而来，于是阻挠对方进入。建速须佐之男命为了证明自己没有恶意，于是与天照大御神立誓，从相互所持之物中生下孩子。从建速须佐之男命宝剑中生出了一干女神。建速须佐之男命证明了自己毫无恶意之后，以为自己获得了胜利，于是闯入高天原乘机大闹。

天照大御神起初对建速须佐之男命的胡闹并没有指责，反而袒护他。建速须佐之男命跑到天照大御神的织布机房外，在机房的屋顶上挖了一个洞，将一匹剥了皮的马扔了进去，织女受到惊吓，手中的织布机梭子插进了性器当中，当场殒命。天照大御神终于被激怒，躲进了天之岩屋中，隐身不再出来。

由于日神躲起来了，世界陷入黑暗之中，秩序也遭到了破坏。着急的众神将天下的长鸣鸟（公鸡）全部集中起来，让它们鸣叫；取来镜子和玉石，将贤木放到岩屋的前面；唱诵祝词；让天宇受卖命赤裸着身子跳舞；等等。运用了各种各样的手段，终于把天照大御神引出了岩屋。

冈正雄指出，与天之岩屋神话相似的故事也见于中国南部的苗族，阿萨姆的卡西族、纳伽族中等，故事情节包含太阳隐藏于洞穴之中，让鸡打鸣、让花盛开以此引诱太阳出来等等。

比如说贵州省的黑苗神话说："有一回，太阳走远再也没有回来，人们让五花八门的飞鸟禽兽鸣叫，希望把太阳叫回来，没有获得成功。最后，把一只公鸡送了出去，它的叫声让太阳回来了。正因如此，直到现在，公鸡一叫，太阳就升上天空。"贵州的花苗中有同样的故事：

> 有名的弓箭手将天上原有的十个太阳射落了九个下来，剩下的那一个躲进了山后逃命。这样一来，世界陷入了两年的黑暗之中。国王召集贤士商量对策，结果是让声音最大的动物将太阳叫出来。首先是狮子和黄牛，它们的叫声没有获得成功。接着是公鸡，一听到公鸡的叫声，太阳就想出来看看是谁发出了如此美妙的声音，于是从东方的山顶上露出脸。瞬间，世间重获光明，人们拍手称快，向太阳表示欢迎。见此情形，太阳再也没有逃走，对公鸡说："从今以后，每天你都要把我叫醒。这样的话，我就回来。"说着就把自己身上红色的衣裳裁下来，做成了漂亮的头冠给公鸡戴上。

住在阿萨姆的安伽弥族和那伽族中流传的故事是这样的：起初，太阳不愿意升到天上去，人、牡牛、猪、狗、鸟依次呼喊太阳都没能成功。最后，公鸡让太阳升上了天，给世界带来光明。卡西族的传说中，一个年轻人发现了一位藏在岩屋中的美女，他不断地在岩屋外放置鲜花引美女出来，最后捉住了她，两人结为夫妻。蒙辛·赫尔费认为，引出隐藏起来的女太阳神，与日本神话中用镜子、贤木将天照大御神引出的神话主题相似。

五、日食・月食神话

不过，日本神话中天照大御神躲到岩屋中是由于建速须佐之男命的胡作非为。而建速须佐之男命是伊邪那岐生下的三贵子之一，日神月神一同在伊邪那岐的被禊中降生，所以建速须佐之男命是日神和月神的弟弟。这样说来，太阳和月亮有一个专做坏事的小弟弟，太阳因此隐藏，世界陷入黑暗的境地。从这一点上看，日本的天之岩屋神话与在中南半岛分布的日食起源神话颇为类似。大林太良指出了这一点。

泰国的神话如下：

> 太阳和月亮从前是生活在人间的一对好兄弟。他们待在地上的时候，作为长兄的太阳每天给僧侣的施舍品是大量的黄金，而弟弟月亮给的是白银。两人下面还有一个弟弟，他给僧侣的是用非常肮脏的器皿盛的米饭。太阳和月亮兄弟二人死后变成了神仙。而三弟却因为贪欲受到了惩罚，变成一只乌黑的怪物，只有手腕、爪子和耳朵。人们叫他弗拉·拉弗。这个怪物嫉妒两位哥哥的幸福，一直等待杀害他们的机会。拉弗不

《竹取物语》插图：赫映姬在老翁家的童年

断发动对两位哥哥的战争，因此出现了日食和月食现象。

与此类似的神话，老挝、柬埔寨、缅甸的帕拉翁族和香族那里稍微有一些变形，具有大幅度变化的神话传播到了孟加拉国湾的卡鲁·尼考巴鲁岛。以上介绍的泰国神话中，引起日食、月食之物与印度神话中引起日食、月食的怪物拉弗的名字相同。只不过，中南半岛日食神话的内容与印度的拉弗神话有很大的不同。

最重要的差别在于，印度的拉弗原本就属于恶魔一族，也完全没有将太阳和月亮考虑成两兄弟。因此，正如大林太良所言，从日食是太阳和月亮的弟弟所引起的内容上看，这则神话可以考虑为亚洲东南部地域独自的传承。另外，大林氏又指出了这则神话中以下的问题：

1.太阳和月亮是兄弟（也可能是姐妹），他们（她们）的下面还有一个弟弟（或者妹妹）。

2.小弟弟（或者小妹妹）胡作非为。

3.日食（以及月食）由这位弟弟（或者妹妹）引发。

就这三点而言，可以认为它们与日本的天之岩屋神话几乎是完全一致的。

第五章　日本神话与希腊、斯基泰的比较

第一节　日本神话与希腊神话之间奇妙的类似

一、比较文学的新分野

　　从以上四章内容来看，这是将日本神话与世界诸民族神话进行比较，彰显日本神话的起源和意义的比较神话学研究。进行此类研究的学者更侧重于南太平洋、东南亚等这些日本以南的地区的神话。大多数研究者都曾认为，日本神话中含有的大部分要素都是以某种途径，从南方的某些地区流入日本的，也就是所谓的"南方系"话题占了很大的比重。

　　像这样认为日本神话主要由南方起源的要素构成的观点，在传统的日本国内外学界占据着主流地位，不过，也有几位知名的研究者直到目前仍然坚持，日本神话摄入的许多重要部分的起源与朝鲜和中亚等北方地区关系紧密，这些所谓的"北方系"的要素，在日本神话当中注入了非常重要的力量。第一章叙述了冈正雄氏早已发现的问题，即从高御产巢日神作为主要神的地位的观念、天孙降临神话，以及依靠八咫鸟、金鵄鸟等灵鸟一类的帮助最终建国这些神武东征的故事中所见的主题，主张具有亚欧大陆阶梯地区起源的阿尔泰系骑马游牧民文化，是在公元3至4世纪经由朝鲜半岛传到日本的。另外，冈氏认为，神从天上降落在山顶、森林、树枝等物上，这是神降临人间的一种垂直性表象的神话想象，这种想象具备在此之前弥生时代的初期传来日本的、中国东北部、朝鲜方面带有乡土气息的通古斯系烧田耕作民文化的要素。

　　关于这方面的研究，成果尤其引人注目的学者是三品彰英博士。三品依据细致的文献学比较研究告诉我们，日本的建国神话和曾存在于古代朝鲜的诸王国神话之间，存在着多方面的关联，在构造和要素方面十分类似。

　　关于日本和古代朝鲜诸国的王朝起源神话之间显著的类似，大林太良氏在

三品的成果基础上提出新的观点和更为全面的重新探讨尝试，由此，这些类似之处的研究获得了进一步推进。关于日本和朝鲜神话的比较研究成果，本书不再另辟章节阐述，仅在本章和下一章的末尾简单提及。以下部分希望在再次讨论朝鲜神话的过程中，提供一个契机陈述一下1960年以后的15年间，在日本神话比较研究的分野中所开拓的新的重要领域。

这个重要的领域就是，日本神话同希腊、斯基泰、印度、伊朗、日耳曼、凯尔特等这些使用隶属于印欧语系语言的民族的神话的比较。以下将要清楚地说明，日本神话与这些印欧语系诸民族的古代神话之间显著的类似，怎么说也不可能是一种纯粹的偶然，今天，我们在尊重学术前辈学术成果的同时，有必要对日本神话的系统问题从根本上再次进行审视。

二、俄耳甫斯与伊邪那岐

日本神话与古希腊神话之间，有许许多多必须注意的类似之处，自明治以来，日本国内外的研究者一再地关注这些问题。在第二章的最后我们专门作了与波利尼西亚神话类似之处的讨论，其中，包括大多数评论家所指出的关于伊邪那岐访问黄泉国的神话与古希腊著名的俄耳甫斯传说之间具有相似性的论点。

如前所述，伊邪那岐访问黄泉国的神话，与在新西兰的毛利族中流传的以塔奈神与西奈女神为主人公的神话之间，显示出了惊人的类似。不过，希腊的俄耳甫斯传说与这则日本神话之间，实际上比起与新西兰神话之间相似度更高。

三、和毛利神话之间微妙的差异

毛利神话中的塔奈神，的确与日本神话中的伊邪那岐相同，为了把之前死亡的妻子带回上界，冒着危险，降到冥界。结局是，希望落空了，只得一个人回到上界。不过，塔奈和西奈最初分手的原因是西奈无法忍受自己的亲生父亲与自己结成夫妻的事实，她感到羞耻，为了结束这种关系而选择自杀。因此，面对前来冥府探望自己的塔奈，西奈没有一丝和塔奈一同返回上界的打算，所以塔奈的企图受到重挫也是在意料之中。而在日本神话当中，伊邪那美并没有准备赴死的想法，她是在生火神的过程中，阴部被火灼伤而亡的，属于意外事件。可以说正是这场意外的不幸，造成了她与心爱夫君的生离死别。因此伊邪那美会在居住的户外迎接前来冥府的伊邪那岐，很清楚地表达了如果有可能的话一定同丈夫返回地上的决心。

虽然伊邪那美愿意同丈夫一同返回上界，但是伊邪那岐的希望还是落空了，原因之一就是在伊邪那岐到达冥府之前，伊邪那美已经吃了黄泉国的食物。原则上，她已经无法再次回到生者中间了。

不过，根据神话故事，不管这么重大的障碍存在与否，伊邪那美也绝不是没有任何希望可以跟丈夫同行的。伊邪那美无法回到上界的第二个原因，就是伊邪那岐违反了禁忌。虽然伊邪那美叮咛他在她与黄泉国诸君商量期间不要看她，但是独自一人的伊邪那岐总也不见伊邪那美回来，等得不耐烦了，就触犯了禁忌，点着火来到殿中一探究竟，看见了亡妻腐烂的尸体。

就这样，日本神话里伊邪那岐访问黄泉国的神话与毛利神话中塔奈和西奈的故事之间，虽然在故事梗概上相同，都是为了带回亡妻而访问死者之国，丈夫的企图最终失败，但是其失败的原因和来龙去脉却有很大的不同。

四、触犯冥府的禁忌

以俄耳甫斯为主人公的希腊神话，众所周知，与伊邪那岐的故事和塔奈的故事相同，也是为了死去的爱妻前往冥府，希望将她带回来的故事。俄耳甫斯最终失败，没能带回亡妻欧律狄刻，这一点也与日本以及新西兰的神话一致。虽然日本神话与毛利神话之间具有很大的不同，但是俄耳甫斯故事却与日本神话在诸多细节上具有惊人的一致。

也就是说，伊邪那美之死是一个意外事件，违背了她的心愿，她不得不与相爱的丈夫生离死别。俄耳甫斯的妻子欧律狄刻也是如此，她被毒蛇咬伤，不幸殒命。把丈夫独自留在人世间，自己前往死者之国，也是与她的意愿相反的。与伊邪那岐的情况相同，俄耳甫斯的希望就是把她从地狱带回，欧律狄刻本人也有此心愿。成功在此一举。尽管如此，俄耳甫斯最终没能将欧律狄刻带回，独自一人返回上界。失败的原因在于，他与伊邪那岐一样违反了禁忌，在冥府不由自主地看了妻子。

希腊的俄耳甫斯传说和伊邪那岐访问黄泉国的故事，二者的一致表现在失败的具体原因上——主人公在冥府违背了不得注视妻子面容的禁令。许多专家认为，具体到许多细节方面，前后两则神话有血缘关系，而新西兰的塔奈故事，比较而言，差距依然很大。如前所述，日本神话中，伊邪那岐没能将伊邪那美带回的理由之一，是伊邪那美已经摄取了冥府的食物，与这一点极其相似的、从前一再指出的，也在古希腊神话当中体现了出来。

古希腊神话当中，死者之国的女王叫作珀耳塞福涅，她本是大地女神德墨忒耳的爱女，最初与母亲在地上生活，一次冥府的国王哈得斯把她强行掳去，拉到了地下世界，逼迫她做自己的妻子。因为哈得斯的暴行，德墨忒耳愤恨不已，她放弃了作为女神的职责，让大地停止产生农作物，世界陷入了饥荒之中。于是，众神之王宙斯只得出面劝说哈得斯，让他将珀耳塞福涅交还给她的母亲。可惜，珀耳塞福涅此时已经吃了冥府的石榴子，无法完全返回上界了。最后，作为哈得斯的妃子，她必须在一年当中要有一段时间在死者之国度过。

五、只有两种俄耳甫斯型神话

伊邪那岐访问黄泉国的神话，在很多点上都与古希腊神话有着显著的类似。然而，直到近几年，大部分专家尽管注意到了这些类似，但是仍然没有将它们作为日本神话的系统的相关问题在重要意义方面进行考察。他们这么做的原因之一，自不必说是因为古希腊与日本相隔太远，从常识上看，二者之间存在起源上的关系几乎是不可能的。

另外，还有一个原因：一般说来，与希腊的俄耳甫斯传说以及伊邪那岐访问黄泉国的神话共通的形式在世界范围内的许多地区神话中都可以发现，所以日本与希腊之间的这种相似，不值得大惊小怪。

第二个原因假定了符合俄耳甫斯传说的故事类型在人类神话中的普遍性，但是最近的研究证明，这种理解是有误的。与俄耳甫斯传说类似的故事的分布状况，近年由瑞典的民族学者福特克兰兹总结了近期的研究。

福特克兰兹在著作中阐释，与俄耳甫斯、伊邪那岐情况相同，为了将亡妻带回上界，以访问冥府的丈夫的冒险为主题的故事，除了日本和希腊以外，只限于波利尼西亚和北美洲这两个地区，分布较为浓密。另外，丈夫的计划以失败而告终，而失败的原因在于丈夫违反了冥府规定的禁令，这样的故事除了日本和希腊以外，只见于北美的原住民的传承中。换句话说，打破冥府禁令的主人公，最终没能将亡妻带回，像这样的狭义的俄耳甫斯型神话实际上在旧大陆仅见于日本和古希腊，因此这个故事在这两个地域中，具体到主人公违反禁令的内容都达到了完全的一致，比起向来所认为的一般的相似来说，更应该把它们视为具有与其他故事尤为不同的类似。

同时，历来的学者也注意到日本伊邪那岐·伊邪那美神话与古希腊的珀耳塞福涅故事有相似点，即死者因为摄取了冥界的食物，再也无法返回上界，但是他们没有将这一点考虑为日本神话与希腊神话之间具有某种关联的根据。因为在世界很多地区都存在这样的信仰：去往他界的人一旦吃了那里的食物，就再也无法重返人间了。

但是如前所述，日本神话当中，这样的故事素材在其他方面也被编排进与古希腊神话在整体上相类似的故事脉络当中。另外，故事专门交代原本居住在上界的有力量的女神之所以会属于冥界且最终作为冥界的支配者而存在的原因，在谋篇布局上，希腊神话与日本神话如出一辙。如果联系这些方面考虑的话，那么这个类似点绝非一般，而是具有相当的特殊性。

六、巴玻与天宇受卖命

前面讨论的问题，到了冥府的妻子因为摄取了冥府的食物，所以无法完完全全地返回上界去。在古希腊，它构成了厄琉西斯秘仪缘起的一部分，扮演着重要的宗教作用。众所周知，厄琉西斯秘仪是以珀耳塞福涅和她的母亲德墨忒耳这两大女神作为主神神格的仪式，以这两位女神为主人公而进行的厄琉西斯传承，除此之外，由于与日本神话的相似，历来受到各国学者的关注。

正如前面讲到的，珀耳塞福涅从前与母亲德墨忒耳一起和睦相处，生活在上界。某一天，哈得斯把她劫持到了冥界。哈得斯此次的诱拐行为得到了众神之王宙斯的默许。

得知此事的德墨忒耳，对众神的过分行为感到深恶痛绝，于是离开神界，乔装打扮在人间世界游荡。某一天，女神来到了厄琉西斯，受到了当地国王凯莱奥斯的热情接待。女神自女儿珀耳塞福涅被劫走之后始终一言不发，嘴中不进任何食物。由于凯莱奥斯国王的王妃墨塔涅拉和她的侍女伊安蓓以及巴玻几位女性的热情，德墨忒耳的心情略微放松，这才开始终止长时期的绝食。

根据一则传说，德墨忒耳对招待她的饭菜不为所动，压根不去碰触，无奈之下，巴玻露出自己的性器，展示给女神观看。目睹滑稽的情景，德墨忒耳忍不住笑了出来，终于开始吃东西了。

法国宗教史家雷纳库和日本学者松本信广氏等人指出，这则神话与日本神话中的天宇受卖命跳舞的故事有着奇妙的类似。天宇受卖命为了将藏匿于天之岩屋的天照大御神引诱出来，在岩屋前一边跳舞，一边将自己的敏感部位露出来，逗得众人大笑。天照大御神之所以将自己关在岩屋之中，是因为对建速须佐之男命的胡作非为心怀怨恨，其藏匿使得世界陷入一片黑暗和无秩序的状态之中。因此，关于天宇受卖命舞蹈的神话体现出，维系宇宙秩序的大女神被男神的暴行深深地伤害，于是从众神眼前消失，导致世界陷入一片混乱状态。为了安抚女神，一位女性以滑稽的方式暴露出自己的性器，由此引发哄堂大笑。这一内容很奇特，确切地说，与上述希腊神话中巴玻展示性器的故事几乎一样。

七、德墨忒耳神话的异传

然而，以德墨忒耳和她的女儿这两大女神作为主神的祭祀，以及以这两位女神为主人公的神话，在古代希腊，并不仅仅为厄琉西斯所特有。阿卡狄亚[①]作为举行秘仪的缘起之地，传承着与厄琉西斯完全不同的神话，故事如下：

某一次，德墨忒耳经过阿卡狄亚这个地方，波塞冬神对她燃起了情欲，尾随在她身后。女神发现后立刻变成一匹母马，混进了在附近吃草的马群中，以此蒙蔽波塞冬的眼睛。不过，波塞冬还是识破了女神的变化，瞬间变成一匹公马，捕获了变成母马的德墨忒耳，强行侵犯了女神。这次交配令德墨忒耳生下了一位大女神，她的名字对于不能参加秘仪的人来说是不清楚的，还生下一头叫艾莱依翁的神马。

这件事情发生以后，德墨忒耳对波塞冬蛮横无理的行为感到愤怒，她披上黑衣，躲进了山里的洞穴之中，中止自己作为让大地培育农作物的大地女神的功能，让世界陷入饥馑之中。为此，不知所措的宙斯最后只能派遣命运女神们来到德墨忒耳藏身的地方加以劝解，好说歹说才把德墨忒耳从洞穴中劝了出来。

在这则神话中，作为德墨忒耳女儿登场的是一位神秘的女神，她的名字不允许人们随意说出。给我们讲述这则神话的是《希腊游记》的作者鲍桑尼亚斯，他认为这位女神与珀耳塞福涅具有不同的神格。阿卡狄亚的各个地方，都尊崇德墨忒耳和作为秘仪主神的这位女儿神，毫无疑问，她与令人生畏的死者之国的女主人公珀耳塞福涅是同一存在。换句话说，阿卡狄亚的德墨忒耳神话与前面所举的厄琉西斯传承在形式上有很大的区别，但是相互之间应该是异传（同一个故事的不同版本）的关系。

然而，阿卡狄亚的德墨忒耳神话，虽然与前面所说的厄琉西斯传承有所不同，但却与日本的天照大御神神话有着显著的类似。

首先，三品彰英指出，在阿卡狄亚神话中，德墨忒耳遭到了变成公马的波塞冬蛮横无理的暴行。德墨忒耳因此事动怒并隐藏在洞穴之中的情节与日本神话中天照大御神的相关故事有着惊人的相似。天照大御神在神圣的机房里指挥编织众神衣服的作业，正在这时，建速须佐之男命将剥了皮的活马扔了进来，天照大御神自己（或者可视为其分身的天之服织女）因为受到惊吓，手中所持梭子刺中性器，造成重伤。结果，愤怒的天照大御神躲进了岩屋之中。并且，

[①]阿卡狄亚，希腊南部伯罗奔尼撒半岛中部的多山地区。——译注

为了将躲进岩屋之中的大女神再次呼唤出来，无论是日本神话还是希腊神话，女神（日本的天宇受卖命、希腊的命运女神）都发挥了决定性的作用。

进一步说，希腊神话中对德墨忒耳实施暴行的波塞冬与女神是同父同母（克洛诺斯和瑞亚）的姐弟关系。作为海的支配者，这位神灵在原初性格上，掌管着地下的水流、引发地震，与地下的世界关系密切，这一点历来得到专家的承认。而在日本神话中，对天照大御神施加暴行的建速须佐之男命也是女神的弟弟，最初父亲伊邪那岐曾任命他管理海域，结局是，让他到地底下做根之国的主人。《古事记》中有一段描述建速须佐之男命上天的时候"天地震动，山川、国土皆惊"，由此可以看出建速须佐之男命具有引发地震的神格。

另外，天照大御神在日本神话中并未与建速须佐之男命发生肉体上的交合，但却一同生下了几位神子。

也就是说，建速须佐之男命以地动山摇的猛烈之势上升至高天原的时候，天照大御神认为对方要来夺取自己统治天界的权力，于是全副武装，"挥动弓箭，踩踏坚硬的地面，尘埃如雪花般飞溅，以威风凛凛之姿，高声呐喊地出来"，以愤怒的样子迎接弟弟，大声诘问他有何贵干。

建速须佐之男命见状立马解释说，自己准备前往母亲所在的地下之国去，临行前来告诉姐姐一声，绝没有半点恶意。为了证明内心的清白，提出与天照大御神立誓，交换随身物品然后生出孩子。

天照大御神接受了建议。二神站在天之安河原的两岸，面对面发誓。天照大御神首先要来建速须佐之男命的宝剑，将其折为三段，放入天之真名井的水中，然后拿出来含在嘴里，再用牙齿咬碎，吹出雾气，从中生出三位女神。接着，建速须佐之男命取来天照大御神佩戴的玉器，用同样的方式生出五位男神。

因为这些男神是由天照大御神的所有物中生出的，被认为是女神之子，从建速须佐之男命佩剑中生出的女神被认为是建速须佐之男命的孩子。以这样的方式生下自己的孩子——优秀的女神，建速须佐之男命证明了自己并无恶意，于是得到允许，可以在高天原逗留。

八、天照大御神与德墨忒耳的一致

这则神话中天照大御神与建速须佐之男命生下孩子，后来，建速须佐之男命乱扔死马的暴行，使得她的性器受伤；而在阿卡狄亚神话中，德墨忒耳被变成公马的波塞冬凌辱，生下了孩子。另外，天照大御神在与建速须佐之男命生孩子的场景中，是以愤怒的样子出现的；而在阿卡狄亚的传承中，德墨忒耳被

上图　将麦穗、犁、松明传递给特里普托勒摩斯的德墨忒耳和珀耳塞福涅
下图　在腓尼基发现的特里普托勒摩斯浮雕

波塞冬侵犯的时候，据说因为愤怒呈现出复仇女神厄里倪斯的形象，这时女神的样子是长着马头，从那里生出毒蛇、野兽等等。以异常可怕之姿呈现的女神形象在这两则传说中也是相当一致的。

根据厄琉西斯的传承，德墨忒耳在滞留期间，曾受到凯莱奥斯王的热情款待，所以她在凯莱奥斯王的儿子特里普托勒摩斯身上倾注了特别的关爱，不仅将他视为己出加以培育，而且让他乘坐由带翅膀的龙牵拉的飞车，手持小麦的种子，从空中播撒到地面上，在世界上广泛地传播农业。在日本神话中，据《日本书纪》的"一传"（神代卷第九段，其中"一书"之二）记载，天照大御神让爱孙迩迩艺命手持稻穗，降临在这片国土上。

根据《释日本纪》中被引用的《日向国风土记》中的一节，此时，迎接迩迩艺命的是名叫大钼和小钼的两个土蜘蛛。在它们的劝说下，"千穗的稻子被搓成稻壳，四处播撒"，原本黑暗的世界变成了在日月照耀下的光辉世界。

古希腊的瓶画上描绘了特里普托勒摩斯受派遣在世界上传播农业的场面：德墨忒耳和珀耳塞福涅授予他麦穗和松明，以便照亮农具犁和阴暗。在腓尼基发现的后代浮雕上面，乘着蛇车从天上来到地上播撒稻种的特里普托勒摩斯，头顶有一轮太阳，左肩上刻着月牙儿。英国古典学者库克主张，特里普托勒摩斯身上带有原初的日神的性格。对此，即使我们现在还不能认同，但是古希腊美术中表现的特里普托勒摩斯车子的图像与太阳神的车子极其相似，这一博学的见解正中要害。

以德墨忒耳为主人公，她与其女作为两大主神的秘仪祭祀，关于它的缘起，厄琉西斯和阿卡狄亚彼此的传承在形式上有很大的不同，而阿卡狄亚神话却与日本的天照大御神神话在许多细节上有着惊人的相似。大林太良氏在1961年的著作《日本神话的起源》一书中认为，在日本神话与古希腊神话之间多处可见的"奇妙的一致"是"由于内陆亚洲饲育马匹的游牧民将神话从西方带到东方的"。这在当时绝对是一个大胆的假说。根据我们后面即将介绍的内容，大林氏的假说在今天可以说是基本正确的。

第二节　有关斯基泰神话的问题

一、作为媒介者的斯基泰人

前面一节已经介绍，冈正雄氏很早以前就已提出，亚欧大陆大草原一带的阿尔泰系骑马游牧民的文化，经由朝鲜半岛进入日本进行传播，带有其起源的神话元素在日本神话当中构成相当重要的组成部分。

不过，这一阿尔泰系骑马游牧民在这个地区最先开发了骑马的技术，形成了典型的骑马民族文化，也就是由斯基泰人代表的、在伊朗系游牧民文化巨大的影响之下形成的文化。前者的文化就是这样作为起源性的模范发挥着作用，不仅如此，在其后的历史当中，长时期地给与他们毗邻的、发生内部混合的主要活动在亚欧大陆草原地带西半部的这些伊朗系游牧诸族的文化带来各方面的影响，不仅在物质层面上，还有社会制度、精神文化领域，都具备许多的要素，这是不争的事实。

作为这些伊朗系游牧民活跃的主要舞台，亚欧大陆草原地带西半部地区，早在公元前3000年，曾存在一种共同的"祖语"（＝最初的语言），即按照现代语言学家所分类的印欧语（印度·欧洲语言）的多种语言的前身，而说这种语言（印欧祖语）的民族占了绝大多数。正是这些说印欧祖语的民族，让亚欧内部特有的游牧民族文化得以形成，而其文化的特征即是世界上最先饲养、训练马匹。

以斯基泰人为代表的伊朗系游牧民，属于印欧语族（说印欧祖语及从中产生的语言的民族的总称）的一派，其他的印欧语系诸民族分别移居在从亚洲到欧洲横跨广大农耕地域的各处，而他们则是在进入定居生活之后，便停留在现在印欧语族的发祥地上，维持饲育马匹的游牧民文化传统的民族。因此可以想象，伴随着印欧语族的移动，在他们之间，传播到各地的"印欧共通文化"由来的

日本神话的源流 | 075

传统当然会以各种各样的面目存在，并且直至后代依然维持着接近于可比较的原形的形态。

并且，这些伊朗系骑马游牧民即使在历史时代中，也与以希腊为主的，包括印度、伊朗、日耳曼、凯尔特等印欧语系的诸民族，以种种方式保持着接触或交涉。特别是在黑海沿岸建立的古希腊殖民都市，由于和斯基泰人的交易得以繁荣，以此作为媒介，斯基泰人和古希腊人之间进行了通商和文物交流活动。

考虑到这些事实，那么史前时代日本受到来自伊朗系游牧民神话的影响，而其神话又包含了以希腊为主的印欧语系诸民族神话共通的要素，这种可能性不能排除。实际上，几乎在大林氏出版《日本神话的起源》一书的同一时期，我也关注到印欧语系诸民族的神话与日本神话之间具有惊人的类似，不能简单地认为这是偶然的产物。从 1961 年到 1963 年，我在法国的《宗教史学杂志》上发表了一些与日本神话相关的论文，其中也提出了几乎与大林氏的见解相同的假说。

二、希罗多德的斯基泰神话

被认为经由朝鲜半岛传到日本的所谓"北方系"的神话元素当中，正如已经陈述的那样，是以伊朗系游牧民为媒介，包含了许多在阿尔泰系游牧民中传播的印欧语系民族神话由来的要素。换句话说，如果我们的主张是正确的话，那么就可以认为，《古事记》《日本书纪》记载的日本神话受到了来自亚欧大陆草原西半部的伊朗系游牧民神话相当大的影响。

这样一来，试想一下，对日本神话产生强烈影响

库鲁·奥巴的斯基泰坟墓出土的棺材残片上描绘的阿芙洛狄忒和厄洛斯

的伊朗系游牧民神话究竟具有怎样的内容呢?

关于伊朗系游牧民的神话,很遗憾,我们手头没有由远古时代使用的源语言书写的资料。不过,根据以下将要讲述的两种材料,可以在一定程度上了解其神话的内容。根据这些材料了解到的一部分内容,事实上,包含着许多与日本神话共通的要素,这一事实证明了刚才陈述的假说的正确性。

首先,在伊朗系游牧民中,以黑海北方地区作为根据地的斯基泰人曾与古希腊人交往甚密,我们可以通过古希腊人记录下来的资料,在某种程度上详细地了解这些斯基泰人的生活、文化等实际状态。在以古希腊语记录下来的有关斯基泰人的文献当中,最重要的是希罗多德的《历史》,他在第四卷接近开头的部分,介绍了有关斯基泰民族起源的神话,内容如下:

斯基泰人的始祖是一位名叫塔尔吉陶斯的男子,由帕帕伊奥斯和包吕斯特奈斯河(第聂伯河)河神的一个女儿所生。塔尔吉陶斯生下三个儿子:里波库萨伊斯、阿尔波库萨伊斯和克拉库萨伊斯。

塔尔吉陶斯的三个儿子在掌管斯奇提亚地方的时代里,某一次,从天上降下三件用黄金制造的宝物,分别是用来耕种的犁具、叫作萨卡利斯的战斗用的斧头和一只杯子。

长兄里波库萨伊斯首先走上前来,想要得到它们,这时黄金宝物突然燃起了火,使得他无法靠近。接着,阿尔波库萨伊斯走上前来,发生了同样的事情。最后,小弟弟克拉库萨伊斯靠近宝物,火焰熄灭,他把它们拿回家。见此情形,两位兄长认为这是神的旨意,于是把掌管斯奇提亚的权力交给小弟弟克拉库萨伊斯。克拉库萨伊斯由此成为帕拉拉泰氏族的祖先。里波库萨伊斯的后裔是奥卡泰伊族,阿尔波库萨伊斯延续下来卡提亚洛伊族和特拉斯皮埃斯族,几个氏族逐渐兴起。

这则神话讲述的是,在斯基泰始祖的儿子们掌权的时代,象征王家先祖所有物从天而降的故事。关于这三件宝物,希罗多德是这样记述的:

> 这三件黄金制成的器物,由历代国王极其小心地保管,每年都会向它们敬奉盛大的牺牲,以求保佑。在斯奇提亚有这样的说法:如果在祭礼这一天,看守神器的人在户外睡着了的话,那么这个人一年之内就会死掉。正是这个缘故,人们会给看守者一块足够他在一天之内骑马驰骋的土地。克拉库萨伊斯将广袤的国土分为三份,分别由自己的儿子统治,并将金器交由国土最大的那个儿子保管。①

---

① 希罗多德:《历史》第四卷第七段。引自松平千秋的译文。——原注

三、斯基泰的三种神器

通过希罗多德关于斯基泰神话中重要片段的叙述，我们了解到斯基泰人的民族和王室是由天神和水神的婚姻发祥的。另外，斯基泰最有力的王家是克拉库萨伊斯，而王权的信物就是从天而降的三件圣器，它们传承了下来，受到历代国王的尊崇，被小心翼翼地对待。

我们可以就此想到日本天皇家族的神话，从天上降临的迩迩艺命之子火远理命与海神之女水女神丰玉毗卖的婚姻，以及对作为统治该国土信物的三件神圣宝器，一直保有像对神一样的敬意。斯基泰神话也是由天神和水神的婚姻生出后来产生民族和王家的始祖，这一点与日本神话中火远理命和丰玉毗卖的婚姻十分相似。至于皇室的三种神器，从古至今都有很深的意义，与斯基泰王家被赐予的宝器几无二致。

如前所述，斯基泰王家传承的宝器都是由黄金制成，犁地用的轭上附属的耕具、战斗用的斧头和杯子。根据法国语言学家本维尼斯特等人的观点，这三种器皿体现出斯基泰人对三

上图　表现授予斯基泰王位仪式的黄金制头饰
下图　贴在衣服上的黄金制饰板，国王从大女神那里被授予倒进了饮料的酒盅

种职业的认识。他们认为人类社会中三种要素不可欠缺，用三种必要用具象征着需要完成的三种职业。耕具是农民使用的，斧头是战士必备的，各自象征着粮食生产和战争，几乎是不证自明。第三件器物酒杯，对于伊朗系的民族来说，是举行宗教仪式必不可少的重要祭祀工具。在琐罗亚斯德教的圣典《阿维斯塔》中，列举了祭司、战士、农民各自的"道具"，祭司使用的道具主要部分就是酒杯，

其中盛饮料哈奥玛的杯子占绝大多数。考古学资料显示，作为祭祀工具的酒杯在斯基泰人的宗教中具有相当重要的地位。

黑海周边的斯基泰遗迹出土的物品，以各种各样的形式展示了每次授予国王王位仪式的宗教表现场景。在这些场景当中，国王往往从一位表现为大女神形象的女性那里被授予一只盛满饮料的角状的酒杯。

从以上分析中，我们可以得出这样的结论：作为斯基泰王的神圣宝物，耕具、战斧和酒杯分别表示为完成农民（＝粮食生产者）、战士、祭司这三种不同的职业所不可欠缺的道具。其中酒杯代表着大女神亲自执行的授予国王王权的观念，在圣器中被赋予了中心的作用。

四、日本的三种神器

我们可以再来比较日本的三件神器，可以说它们自古就与斯基泰的三神器有相似之处。皇室神器之一宝剑与斯基泰神器中战斗用的斧头功能相同，无须赘言，代表着完成战斗功能的关键武器。众所周知，镜子作为王权的象征是由大女神天照大御神亲自交给迩迩艺命的，同时伴随的是女神的神谕"这枚宝镜，就像我的灵魂，要像敬奉我一样祭祀它"（《古事记》）。所以，神器中的镜子作为直接象征着宗教以及天皇保有的神圣王权之物，与斯基泰神器中的酒杯相似。

至于日本三神器之一的玉，《古事记》中是这样记述的：伊邪那岐任命天照大御神为高天原的支配者时，"取下脖子上佩戴的玉串赐予天照大御神，并宣告说：'你的使命就是治理高天原。'"

伊邪那岐刚生下爱女天照大御神就委以重任，授予她高天原的王权，将她从地上送往天界，宣告"你的使命就是治理高天原"，并赠与首饰玉串，正如贺茂真渊指出的那样，很显然，这一段与天照大御神将刚出生的爱孙迩迩艺命作为瑞穗之国的支配者派往下界，临行赠与他象征王权的神器之一的玉构成相互呼应的关系。《古事记》在交代完伊邪那岐的命令之后，紧接着记述道："因此，这个玉串的名字，就叫御仓板举之神。"明示了伊邪那岐交给天照大御神的作为天上的王权的神圣首饰玉，实际上不外乎是在仓里祭祀的稻种之神仓稻魂[①]的神体。

[①] 仓稻魂神，即五谷神。日本神话中掌管食物，尤指掌管稻谷的神。——译注

日本的三种神器	斯基泰的三种神器	社会功能
镜	酒杯	宗教＝王权
剑	战斧	军事
玉	耕具	粮食生产

上代日本人的思考，将神灵之力赋予一般代表丰穰和多产的、与农业生产相关联的玉石之中，古典当中可以摘出许多这样的例子，如果在此处一一罗列，比较烦琐，只列出上表，三种神器中的玉石与表示宗教以及神圣王权的镜子、表示军事功能的宝剑相比，很容易看出玉石与粮食生产功能关系密切，意义重大。

如果归纳以上陈述的话，那么需要承认上面表格中的关系，斯基泰的三神器与日本的三神器之间分别象征的社会功能。

五、奥赛梯人的那鲁特叙事诗

为了了解古代生活在亚欧大陆草原地带的伊朗系统的游牧民族的神话，我们除了可以利用与希罗多德同时代的一些希腊人所记录下来的只言片语之外，作为研究资料，还可以利用奥赛梯人之间口口相传的英雄传说——那鲁特叙事诗。

在曾经属于苏联的北高加索地区的中部居住着一个被称为奥赛梯人的民族，一般人们都认为他们属于曾经是伊朗系统的游牧民族当中相当强大的一支埃兰人的后裔，操一种被认为是由埃兰语变化而来的语言。通过观察他们之间流传的以那些被称为那鲁特的半神的英雄为主人公的叙事诗传说，我们可以确认其中的很多要素都是由古代埃兰人所拥有的神话变化而来的。

以我们今天的观点来审视那鲁特叙事诗，最值得我们注意的就是其中描写到的那鲁特们的风俗往往与希罗多德记录下来的斯基泰人的风俗之间存在着惊人的一致性。例如说，根据传说，那鲁特们拥有一盏被称为"那鲁特的启示者"的不可思议的酒杯。在所有的那鲁特都齐集一堂的神圣的宴会上，这盏酒杯曾经演绎出了如下的奇迹：

在这场宴会的最高潮，那鲁特们一个个都站了起来，开始讲述自己最为得意的英勇事迹。然后他们就开始历数被自己杀死的敌人的数目。在他们述说的过程中，如果讲述人所说的有关自己的丰功伟绩是真实的话，那么那盏"那鲁特的启示者"酒杯就会自动地飞上半空，将美酒送到说话人的嘴边。与此相对，如果有哪位那鲁特说了假话，那盏酒杯就会纹丝不动，说谎的人自然会遭到众人的耻笑。

那鲁特的这个风俗与希罗多德记录下来的有关斯基泰人的风俗非常相似，或者应该就是由后者演化而来的吧。希罗多德记录的大致如下：斯基泰每个地区的酋长在一年之中都会准备一个盛满酒的大水缸，其中掺了适量的水的酒，用来宴请那些杀敌归来的斯基泰人。不过，那些没有立功的斯基泰人不被容许品尝该酒水，不仅如此，他们还要强忍耻辱，被安排坐在稍远一些的特定位置。斯基泰人认为，如果没有资格品尝这一年一度的美酒，那么对于一个斯基泰人来说就是一生中最大的耻辱。

斯基泰人的战斗场景

再者，那鲁特叙事诗里面还提及这样的风俗：人们将那些被英雄杀死的敌人的头皮剥落下来，以此作为材料让女孩子们缝制外套。这一习俗也会让我们不由自主地想到希罗多德记载的一则有关斯基泰战士的习俗：

> 斯基泰人会这样把自己亲手杀死的敌人的首级的皮剥落下来：他们在敌人耳朵的部位插入锋利的尖刀，固定住首级并且前后摇晃，将头皮从头盖骨上分离下来。接下来利用牛的肋骨将头皮上的肉刮下来，用手揉搓直至完全变软，这样就制成了一块手巾。然后斯基泰人会将手巾放在自己所乘马匹的马鞍上进行炫耀。拥有这种手巾最多的人会被大家尊称为最大的勇士。而且斯基泰人还会将剥下来的头皮制作成上衣，就像是牧羊人所穿的那种皮衣。很多斯基泰人都会穿上一件人皮衣服。①

---

① 希罗多德：《历史》第四卷，第 64 页。引自松平千秋的译文。——原注

像这样的有关叙事诗中讲到的那鲁特们的行为和古代作家记录下来的广为人知的斯基泰人的习俗之间存在着惊人的一致性。我们甚至还可以举出很多例子来。虽然相隔的时间很长，但是那鲁特叙事诗依旧是一个明证，它相当忠实地将古代伊朗系统的游牧民族的传承要素保留到了今天。

六、英雄·名家的起源

在那鲁特叙事诗中，那鲁特人当中最有力的家族当属埃库塞鲁特卡特之家，其中关于这个家族的起源是这样叙述的：

那鲁特果树园中有一棵苹果树，树上的果实具有不可思议的功效，可以治愈所有的伤痛和疾病。但是这种果实一天只能长出一枚，它白天成熟，晚上适于食用，所以到了夜间总会有一些人前来盗取。那鲁特人在果树园的周围围起高高的栅栏，负责看守的人彻夜不休，严阵以待。别说是盗窃了，就连盗贼的影子都看不到。

某天夜晚，轮到维鲁海古的孪生儿子埃库萨鲁和埃库塞鲁特古两个人当班看守。两兄弟都是骁勇的战士，擅长骑射，他们以天空的鸟儿为靶子，几乎箭无虚发。不过，无论在射箭的本领上还是超凡的勇武方面，弟弟埃库塞鲁特古总是比哥哥更胜一筹。

兄弟二人到达果树园，埃库塞鲁特古让哥哥先睡，自己独自一人彻夜看守。接近黎明，突然不知从哪里飞来三只美丽的鸽子，发出不可思议的光芒。它们飞到园中，停在苹果树枝上，开始啄食果实。埃库塞鲁特古不失时机地瞄准其中的一只，放出飞箭。飞箭命中，受伤的鸽子与另外两只一同飞走，鲜血滴在地面上。

埃库塞鲁特古这才把一直酣睡、对此事一无所知的哥哥叫醒，把事情原原本本告诉他。接着埃库塞鲁特古把鸽子滴在地上的鲜血收集起来，小心翼翼地放在一个袋子中。黎明时分，兄弟俩沿着地上的血迹寻找盗贼的行踪，一直来到海边，血迹在那里消失。埃库塞鲁特古让哥哥待在岸上，自己跳进海里。他在下水之前跟哥哥埃库萨鲁说：如果海面上浮起红色的泡沫，那就说明自己的生命已经消亡；如果海上泛起白色的泡沫，那就说明自己还活着，还会回来，一年之内一定能够回来，希望哥哥在这里等着自己。说完这番话，埃库塞鲁特古便潜入水中。

埃库塞鲁特古一直游到海底深处。那里，墙壁是用金碧辉煌的螺钿制成，床由蓝色的玻璃制成，天花板上明星闪耀，处处光彩夺目。这是海洋的支配者冬贝特鲁和其家人的住所。埃库塞鲁特古迈入房子当中，房子里面有间大厅，围坐着冬贝特鲁的七个儿子，坐在上座的是他们的姐妹——两位闪耀着夺目光芒、异常美丽的小姐。埃库塞鲁特古先跟他们打招呼，让在座的所有人感到吃惊，他追问他们感到惊讶的原因，冬贝特鲁的儿子们异口同声地说，他们的姐妹每天夜里都会结伴前往那鲁特的果园里偷盗，昨天夜里有一个叫作泽拉塞的姐妹，中了那鲁特人埃库塞鲁特古和埃库萨鲁的飞箭，受了重伤。他们诅咒埃库塞鲁特古和埃库萨鲁，叫唤着："让他们两人相互争斗，死于对方的剑下。"

埃库塞鲁特古询问有没有治疗泽拉塞伤痛的办法，还有，如果能把她的伤治好，可以得到什么样的奖赏。泽拉塞的兄弟们说，治疗泽拉塞伤势的唯一办法就是将她滴落下来的血液收集起来，喷洒到她的伤口上。谁能将她治愈，就可以娶她为妻。这时埃库塞鲁特古坦言，自己就是射伤泽拉塞的人，他把血液随身带来了，主动提出给她疗伤。

于是埃库塞鲁特古被带进病房，看见泽拉塞。她是一位无与伦比的美少女，她的美貌比其他的姐妹更加出众。埃库塞鲁特古十分欢喜，急忙拿出藏在身上的小包，将里面的鲜血喷到她如玉的肌肤上。泽拉塞的伤口立马痊愈，她从床上坐了起来。

于是埃库塞鲁特古与泽拉塞结婚，在海底过着梦幻般的幸福日子。某一天，他突然想起独自留在海岸上的哥哥，便告诉泽拉塞，他必须立刻回到陆地上去找哥哥，和他一起回到父亲的家里。泽拉塞回答说希望和丈夫同行，她从头上拔出一根金黄色的头发，将它变成两条大鱼，自己和丈夫坐在大鱼身上结伴浮出了水面。

埃库塞鲁特古和泽拉塞来到岸上，发现那里有一间从未见过的小屋。那是埃库萨鲁为了等待弟弟的归来专门建造的。埃库萨鲁为了寻找食物，前往森林里狩猎去了，不在家。泽拉塞走进小屋里坐下，告诉丈夫想休息一下。于是埃库塞鲁特古把妻子留在小屋内，一个人前往森林里寻找哥哥。

埃库塞鲁特古刚出门，埃库萨鲁就狩猎回来了。因为两人是孪生兄弟，长相完全一样，分不清谁是谁，泽拉塞以为是丈夫回来了，便亲热地走上前去。埃库萨鲁见到这样一位从未谋面的美女对自己如此亲密，猜想她很可能是弟弟从海里带回来的，于是一言不发地远离她。泽拉塞见状，以为丈夫嫌弃自己是从水界出来的异类，感到十分愤慨。到了夜里，埃库萨鲁脱下外套铺在床上，让泽拉塞躺在上面休息，他自己则穿上了埃库塞鲁特古留下来的外套。这一优雅的动作，多多少少又让泽拉塞心里泛起涟漪。之后，埃库萨鲁为了不让自己的身体与弟妹接触，便在两人中间放置了一把随身佩戴的宝剑。这一生分的举动令泽拉塞更加气恼，她坐起身来到小屋的角落里，气得浑身发抖，蹲在那里。

就在这时，埃库塞鲁特古回来了。他走进小屋，看见兄长躺在屋内，泽拉塞则窝在屋内的墙角，露出一副悲痛的模样，便误认为哥哥欺凌了自己的妻子，冷不防地抽出腰间的短剑刺向埃库萨鲁，将他杀死。随后，他从泽拉塞那里知道了事情的原委，了解到哥哥对妻子丝毫没有非分之想，是自己错怪了他。绝望之际，埃库塞鲁特古伏在刺穿哥哥胸膛的剑柄上，同样刺穿了自己的胸膛，与哥哥的尸体紧紧贴在一起而亡。就这样，埃库塞鲁特古和埃库萨鲁骨肉相残而死的结局正好应了冬贝特鲁儿子们的诅咒。

后来，泽拉塞在一位名叫瓦苏特鲁吉的蛮横精灵的帮助下，埋葬了兄弟俩的尸首，最后回到了海底父母的家。不过，此时她已经怀了埃库塞鲁特古的孩子。临盆之时，她为了让即将问世的孩子作为那鲁特人的一分子受到承认，于是来到陆地上。她走进那鲁特人的村子，告诉大家她是埃库塞鲁特古的未亡人。她在亡夫家的家畜小屋内生下了孪生兄弟乌流兹麦古和海缪兹。在那鲁特叙事诗中，大多数勇士都会报出家门，说出乌流兹麦古的名字，因为他是埃库塞鲁特卡特（意思是"埃库塞鲁特古的子孙"）家的家长，同时也是一位统领那鲁特一族的人物。

七、对日本神话的影响

奥赛梯人的那鲁特叙事诗讲述的这个故事，和日本神话中火远理命与丰玉毗卖的婚姻这个主题有着惊人的一致，比如在以下的几个地方：

1. 无论在奥赛梯人的传说中还是日本神话中，主人公都是双胞胎兄弟中的弟弟，并且都是射箭的高手。

2. 无论是哪一个传说，主人公都是为了追赶自己的猎物来到了海底，并且同海洋的支配者的女儿结婚。

3. 完婚之后，两个传说中的主人公都在辉煌神奇的海神宫殿中逗留了一段时间，和妻子过着幸福的生活。

4. 有一天，突然想到了和哥哥之间的约定，回到了陆地上。

5. 和哥哥产生了分歧。

6. 主人公的妻子都是为了将丈夫的孩子生下来而特意来到了陆地上。

7. 那个生下来的孩子在日本成长为天皇家族的祖先，在奥赛梯人的传说中则成长为一名首领，并成为英雄家族的祖先。

日本的海幸彦·山幸彦神话之中确实包含着很多的要素，和我们在第二章中分析的南太平洋的鱼钩搜索型神话之间存在着显著的类似。另外，和第四章分析的自中国江南地区、中南半岛、阿萨姆这一广大的亚洲东南部地域的传承拥有着共通的要素。之前从来没有人怀疑过，海幸彦·山幸彦神话强烈地受到了来自中国江南地区神话的影响，并且与南太平洋的传说之间保持着亲缘性的关系。

另外，我们也看到这则神话分明与奥赛梯人的传说之间存在类似性，而且这个类似性丝毫不弱于前者。关于这个问题，有两点特别值得我们注意：

1. 产生问题的日本神话主要是讲述天皇家族发祥的王朝起源传说。

2. 这则王朝起源传说和之前分析的一样，拥有一个讲述天神和水神的女儿结婚然后诞生了王室始祖这样的主题，这分明就与日本天皇家族的起源相同，也和保有三种从天而降的神宝的古代斯基泰王室的起源神话一致。

上述事实和我们之前叙述过的事实一样，因为从埃兰人的古老传承中得来的传说要素相当多地保留在了奥赛梯人的传说中，它与斯基泰人的传说属一个系统。现在我们将这两个事实对照起来思考，应该可以得出如下的推测：

1. 之前列举的奥赛梯人的传说正确无误地保存了很久以前伊朗系统的游牧民族就已拥有的关于王室起源传说的构造。

2. 日本以火远理命和丰玉毗卖为主人公的传说是因为阿尔泰系统的民族接受了伊朗系统游牧民族的神话，经由朝鲜半岛传入日本。

3. 这个传说在日本与源自南方的鱼钩搜索型的主题或者是因为海洋与山峰的对立而引发洪水的观念等传说相融合，其结果就是形成了今天我们在《古事记》和《日本书纪》中读到的这样类型的神话。

第三节　那鲁特叙事诗与希腊神话

一、萨塔娜的故事

在那鲁特叙事诗当中，除了埃库塞鲁特卡特家族起源的故事之外，不得不说与日本神话十分相似的故事还有很多。本书不可能将所有类似点全部举出加以分析，我们在这里仅举以下的故事进行介绍，以期引起关注。前面已经指出日本接受来自古希腊神话要素的影响的可能性，这一影响痕迹在那鲁特叙事诗中也相当明显。

上一节说过，故事的女主人公是海的支配者冬贝特鲁的女儿泽拉塞，她怀了那鲁特勇士埃库塞鲁特古的孩子，并在丈夫死后，生下了孪生兄弟乌流兹麦古和海缪兹。实际上，除了这两个儿子外，她还生下了一个女儿，这个女儿就是整个叙事诗中充当着中心角色的萨塔娜。她诞生的始末相当奇特，故事如下：

丈夫埃库塞鲁特古与其兄长埃库萨鲁在海边的小屋内死亡之后，泽拉塞在两具尸体前整晚哭泣，直至天明。黎明时分，她想着必须埋葬这两具尸首，但是令她苦恼的是，作为女人，自己没有力气，就算把坟墓挖掘出来，也无法将两具沉重的尸骸放进去。无计可施之时，在她面前突然出现了胡作非为的精灵瓦苏特鲁吉。这个精灵平时总是骑在三条腿的悍马上，带着威猛的猎犬，在空中驰骋。这个瓦苏特鲁吉对泽拉塞的美貌垂涎欲滴，看到她今天陷入困境，便想利用这次绝妙的机会乘人之危，满足自己平日的欲望，于是他从空中降落下来。

他对泽拉塞说，如果她同意与自己结婚，那么他可以帮她埋葬兄弟俩的尸首。泽拉塞答应了，瓦苏特鲁吉就用手中的长鞭叩击地面。这时地面上令人吃惊地呈现出一个墓穴，尸体自动落入墓穴中，接着坟墓上立起一块非常气派的墓碑，周围由壮丽的白壁环绕。

埋葬工作完成以后，瓦苏特鲁吉逼迫泽拉塞履行约定。泽拉塞借口需要清洗一下弄脏的身体，让他在此地等待，她则乘机潜入海中，回到海底父亲的家中去了。

瓦苏特鲁吉心潮澎湃，满怀期待地等着。总不见泽拉塞回来，终于明白受骗上当了。他对泽拉塞发出诅咒，跨上三条腿的悍马，带着猎犬升上天空。

却说泽拉塞在那鲁特人的村子里生下乌流兹麦古和海缪兹之后，便与儿子们一起在陆地上生活。在此期间，她患上重病，知道自己将不久于人世，便把两个儿子叫到床边，叮嘱他们："我死了以后，无论如何要在我的坟墓旁好好地看守三个晚上。对我来说有一个非常可怕的追债者，他一定会追到坟墓里面讨债的。"

母亲死了以后，兄弟俩把尸骸掩埋了。头两天晚上由乌流兹麦古负责看守。到了第三天晚上，他正准备出发去墓地，海缪兹坚持说，只有一个晚上了，无论如何希望自己前去守望。他不听从乌流兹麦古的劝阻，拿着武器前往墓地，执行看守任务。

瓦苏特鲁吉老早就在等待机会。海缪兹站立在墓地旁，突然从远方传来酒宴上人们的欢声笑语和曼妙歌声，别处也传来婚礼的祝福声响。海缪兹心想："听从临死之人的胡言乱语真是可笑。谁会把已经死了的母亲从坟墓里拉出来呢？！"

他嘟囔着，离开了坟地，加入到欢乐的队伍当中去了。

海缪兹刚离开，墓室里面就变亮了，瓦苏特鲁吉进入坟墓当中。他用手中的马鞭抽打泽拉塞的遗体，尸骸立刻重返生气，闪耀着光芒，美过生前七倍。瓦苏特鲁吉首先对着尸体尽兴地加以凌辱，之后又让自己的爱马也对尸体尽兴侵犯。这两次奸尸行为，让泽拉塞的尸体怀了孕，一年后，尸体在坟墓中生下了一个女儿和一头马仔。

乌流兹麦古把她们从坟墓中取出自己养育。长大后，女孩子成为一位绝世美女，名叫萨塔娜，马仔成为一匹名马，唤作杜杜。

萨塔娜的结局很有意思。她不顾一切地追求和说服兄长，敢于犯下近亲结婚的禁忌，最终成为哥哥乌流兹麦古的妻子。如前所述，她在那鲁特叙事诗中处于中心位置，发挥重要的作用。每当族里的什么人陷入险境之时，她就通过奇异的魔力施以援手。她和她的母亲泽拉塞都被视为与水界有渊源的大女神，受到伊朗系游牧民的崇敬。在叙事诗传说中，她通常变化为半神的女性（或者是女精灵）。

泽拉塞在坟墓中遭到瓦苏特鲁吉和悍马的逐一侵犯，结果生下了作为孪生子的萨塔娜和马仔。这则故事正与我们开始所说的以德墨忒耳和波塞冬为主人公的希腊神话，以及以天照大御神和建速须佐之男命为主人公的日本神话，具有很明显的相似处。女神无端蒙羞，受到了胡作非为的男神和马匹的欺凌，接着生下女神和马，在内容上，这则神话与德墨忒耳受到变成公马的波塞冬的奸污，后来生下一位大女神和一匹神马的古希腊神话极其相似。

二、那鲁特叙事诗与俄耳甫斯神话

我们注意到，与日本神话明显类似的还有一则古希腊神话，就是以俄耳甫斯下冥府为主题的故事。我们之前给俄耳甫斯型神话下了定义："为了将死去的妻子带回上界，以访问冥府的男性冒险为主题的神话。"那鲁特叙事诗与此定义正好相符合。俄耳甫斯神话的影响波及伊朗系游牧民，其痕迹在叙事诗传说中以如下的形式，很明显地呈现了出来。

那鲁特叙事诗中，有两篇以英雄访问冥府为主题的故事，主人公都是那鲁特的索斯朗。有一则故事说，索斯朗出发远征的时候，母亲萨塔娜被那鲁特人投进冥府，他为了将母亲解救出来，便前往死者之国，随后得到冥府之王巴拉斯丘鲁的许可，成功地将母亲带回上界。在另外一则故事中，索斯朗与俄耳甫斯、伊邪那岐的经历相同，前往冥府探望亡妻，然而此次索斯朗造访冥府，不是为了将死去的妻子带回上界，而是为了自己能与太阳神的女儿结婚，专门前往冥府以期得到亡妻的帮助。

再有，这后一则神话中主人公没有遵守冥府的禁令，遭遇到不幸，这一点与俄耳甫斯和伊邪那岐的故事相通，含有与之前讲述的禁忌相类似的主题：

索斯朗从冥府出发之前，亡妻告诉他，沿途无论看到什么东西，千万不可用手触摸。开始他还谨记在心，在路上先是看见一座金山，然后又出现一条黄金狐狸的尾巴，他毫不理会，顺利通过。最后出现在他面前的是一顶褪色的帽子。索斯朗心想："我这一路上都没有触碰宝物，现在出现这么一件毫不稀罕之物，我捡起来也没什么关系吧。可以把这顶旧帽子拿回家给女人们，用来充当推磨用的抹布。"

想着，他就把帽子捡了起来，夹在腰带上。

他急忙上路，快到那鲁特村庄的时候，由于疲劳过度想休息一下。他把马拴在一棵树旁，将马鞍卸掉，一时兴起，便对爱马说："你的要害在哪里，现在就说。如果不说的话就给你点颜色尝尝。"

马儿最初并没有回答。索斯朗恼怒地狠命地打了它两下。于是马儿无奈地开口了："杀死我的唯一办法，就是在马蹄内侧从下往上刺穿。除此之外，没有任何可以杀死我的办法。索斯朗呦，那你的命门又在哪里呢？"索斯朗回答："我的身体全部是由钢铁铸成的，只有膝盖部分长着普通的肉。所以只要巴鲁塞古的车轮撞到我的膝盖上，我便必死无疑。除此之外，没有任何可以杀死我的办法。"听到这话，马儿说："神本来准备原谅你的过失。然而你却让我和你灭亡。你刚才捡到的帽子，现在放在什么地方了，你找一下。那是盖泰古的儿子，狡猾的修鲁冬。"

索斯朗慌忙开始查看腰带，正如马儿所说，旧帽子已经不知去向。他这才恍然大悟，自己最终没能遵守亡妻在冥府交代给他的注意事项，狡猾的修鲁冬变成一顶帽子伏在他回来的路上，由此知道了自己和马儿的致命弱点，令自己陷入万劫不复之地。这最后成为导致他死亡的原因。

在这里，关于索斯朗访问冥府的故事，引起我们注意的还有一点，就是除了包含着前往冥府造访亡妻的俄耳甫斯型主题之外，类似希腊神话中的奇妙魔力音乐的演奏者俄耳甫斯的形象在故事里也再次得到描绘。

前面说过，索斯朗下冥府是为了寻求亡妻的帮助，让自己和太阳神之女结婚。事情的来龙去脉是这样的：

有一次索斯朗追踪一头小鹿，无意中来到了太阳神之女居住的城市，在那里了解到自己是这位美女定下的结婚对象。同时，他也为结婚的条件感到犯难，因为其中一个条件就是获取冥府中生长的树叶。为此，他前往死者之国，希望得到亡妻的帮助。

踏进太阳神

斯基泰坟墓中出现的衣服上的黄金饰板，上面刻画着珀耳塞福涅

之女住所的时候，索斯朗弹奏起一种叫作芬丢路的二弦乐器，曼妙的乐曲瞬间奏响。受此音乐的诱惑，田间的野兽、天空中的飞鸟一齐聚拢在他的周围，倾听弹奏，就连城池的墙壁也在跳动，远山也发出回响进行伴奏。

太阳神之女提出的结婚条件还有一个，就是要求他召集一百头鹿、一百头野生山羊、一百头野兽共三百头动物。为了完成这一难题，索斯朗从冥府回来以后，从野兽之王艾弗萨提那里借来一根笛子，吹响它之后，受此音乐吸引的三百头动物，立刻聚拢到他身边。

访问冥府前后的两个场景显示出索斯朗灵妙的音乐力量，酷似古希腊神话中可以让野兽、树木、顽石为其音乐动容的俄耳甫斯。神话中奏响弦乐器，就可以让鸟兽、墙壁、山川发生反应的场景与此相当类似。

可以说，那鲁特叙事诗中有关索斯朗的传说，流入了作为原型的草原地域伊朗系游牧民的古老神话，不仅体现出古希腊俄耳甫斯神话影响的痕迹，而其在发生改变的同时，也以种种形式明确地保存了下来。

日本神话的源流 | 089

第四节　那鲁特叙事诗与朝鲜

一、希腊神话的影响

如前所述，可以追溯到伊朗系游牧民神话的要素大量地保存了下来，从各个方面看，奥赛梯人的那鲁特叙事诗受到古希腊神话影响的痕迹非常明显。可以说，伊朗系游牧民的神话通过阿尔泰系游牧民这一媒介，经由朝鲜半岛传到了日本，其结果就是使日本神话当中融入了许多与古希腊、印欧语系诸民族神话共通的要素，这一点可以作为一个有力的证据来证实大林太良先生和笔者主张的假说。

而且，那鲁特叙事诗对于传播到日本的途经之地朝鲜也有一定的影响，因为朝鲜神话与之也有着奇妙的类似点。朝鲜神话在建国传说部分，与日本神话具有极其相似的构成。这一点三品彰英已经作了非常缜密的分析。与此同时，三品还发现朝鲜神话中存在许多与希腊神话相类似的主题。其中引人注目的就有日本神话中也存在的以德墨忒耳为主人公的神话。

正如本章开篇所陈述的，罗列所有朝鲜神话中的问题是不可能的，所以以下探讨的仅是传到日本的高句丽神话中受斯基泰神话和希腊神话影响的痕迹，及其呈现出的形式。

二、高句丽的建国神话

根据神话，高句丽的始祖东明王朱蒙，他的母亲是清河河神的女儿柳花，她与从天而降的天帝之子结婚。故事是这样的：

天帝的太子名叫解慕漱，他遵照父亲之命降临扶余（中国松花江流域）的王的旧都这个地方。他乘坐在由五条龙牵拉的车上，身后跟随百余随从，降临熊心山上。他头上戴着由鸟羽毛编织成的王冠，腰间佩戴着龙光宝剑，每天早上从天上降下来，听一听政事，傍晚时分再飞回天上去。这就是世上所说的"天王郎"。

那时，流经城北的清河河神有三个女儿。某一日，容貌艳丽的三姐妹从清河中出来，到熊心渊畔嬉戏。天王郎看见了，就对左右的随从说："真想娶她们为妃，生儿育女啊。"可惜河神之女看见天王郎之后就慌忙消失在水中。天王郎怅然若失。左右随从见状，进言道："大王，何不建造一座宫殿，将这些女子安置其中，禁闭起来呢？"

天王郎点头表示同意，即刻用手中的鞭子在地面上画了起来。一会儿工夫，房间落成了，壮丽的宫殿耸立在空中。天王郎在房间中预备酒席，设宴招待河神的女儿们。乘着她们醉意朦胧之际，突然准备将房门出口堵上。河神的女儿们惊恐地逃离，只有长女柳花没有跑掉，被天王郎捉住了。

另外两个女儿跑回河底，向父亲报告了此事。河神怒不可遏，派使者到天王郎跟前抗议说："你究竟是谁？为什么留住我的女儿不归还？"天王郎回答说："我是天帝的儿子，希望和这位姑娘结婚。"河神又差使者前来责怪："如果你真的是天帝的儿子，那为什么不正式地向我女儿求婚，而要采取抓我女儿这样的失礼行为？"天王郎也为自己的行为感到羞耻，为了表达结婚的诚意，他来到了河神的处所。

他把五龙车从天上呼唤下来，带着柳花，乘着风云，到达河神的宫殿。河神彬彬有礼地邀请天王郎入内，请他坐下，询问道："你说你是天帝之子，拿什么证明呢？你有什么神通？"天王郎回答说："那么就请测试一下。"说话间，河神化成一条鲤鱼，在水池的波浪间畅游。天王郎立刻变成一只水獭，捉住那条鲤鱼。接着河神变成一只小鹿逃走，天王郎化作一条豺狼在后面紧追。最后河神变作一只野鸡，在天空飞舞，天王郎化为雄鹰攻击对方。河神知道他的确是天帝之子，就让他与女儿正式成婚，并且举办婚宴，劝了天王郎七天七夜的酒，然后让醉得不省人事的天王郎进入小轿子里，由龙车拉上天。

但是在龙车还没有飞出水面的时候，天王郎从酒醉中清醒过来。于是柳花将头上的金发簪取下来，在轿子中挖开了一个口，天王郎在柳花的帮助下，从那里一个人飞上了天。

河神被激怒，认为柳花没有遵从自己的教诲，辱没了家门。他命左右随从将她的嘴唇捻住，拉伸三尺多长，只给她留下两个奴婢，一起放逐到太伯山之南叫作优渤水的水泽边。

在水泽边以捕鱼为生的渔夫名叫扶邹，有一次，他对着东扶余国王的金蛙诉说道："最近鱼梁中的鱼总被盗取，也不知道是什么样的野兽，真让人为难。"于是金蛙命令渔夫们拉绳设网，准备捕捉盗鱼者。不久渔网被冲破，又换成铁网。终于捉住了盗鱼者。大家用力把网拉上来一看，只见网中的石头上坐着一位女子。这位女子的嘴唇尤其长，说不出话来。金蛙命部下将长嘴唇多出的部分剪掉，女子终于开口了，说自己是天帝之子的妃子，名叫柳花。

金蛙让人把她带进别宫，幽闭在房间中。由于窗户外射进的阳光，柳花怀孕了，不久从左胁下生出了一个五升大小的卵。金蛙认为人间的女子生出鸟类

日本神话的源流 | 091

的卵是不祥的兆头，于是让人把卵丢进马场里。但是没有一匹马敢从这卵上踏过。然后卵又被扔进深山之中，百兽将它保护起来。不仅如此，每当天空阴云密布的时候，唯独这卵的上方总是布满阳光。没有办法了，卵又被送回至母亲的身旁养育起来。不久卵开了，从中诞生了朱蒙。他刚出生体格就很康健，哭声也格外响亮。不到一个月，他就开始说话了。他对母亲说："苍蝇总在我眼前打转，吵得我睡不着觉，请给我弓箭。"母亲用荆棘木做成弓箭给他，朱蒙对准纺车上的苍蝇射过去，百发百中。

三、朱蒙传说与那鲁特叙事诗

三品彰英早已指出，这段高句丽建国神话的发端故事，在整体上与日本的天孙降临神话中火远理命（山幸彦）和丰玉毗卖的婚姻生出了天皇家的祖先鸬鹚草苣不合尊的内容相似。朱蒙传说中，朱蒙离开扶余前往高句丽建国途中，得到乌龟的帮助平安过河，江上波夫氏指出这一段与神武东征神话的主题相似。神武在建国途中得到乘坐在乌龟背上的宇豆毗古的帮助，顺利渡海。由此看来，高句丽的建国传说中存在着许多与日本神话中建国传说部分的共通之处，后者在一定程度上接受了前者的影响，几乎已经是确定无疑的了。

另外，朱蒙传说也与前面讲到的奥赛梯人的传说存在许多类似点。首先，天王郎前往河底的河神宫殿，在那里与河神的女儿绝世美女柳花结婚，柳花后来来到陆地上，生下了王家始祖的男儿。整体上，一方面与鸬鹚草苣不合尊的诞生故事相似，另一方面又与那鲁特叙事诗中埃库塞鲁特古和泽拉塞的婚姻故事相似，一读自会明了。朱蒙传说在以下几点细节上显示出与以泽拉塞为主人公的奥赛梯人的故事具有奇妙的相似。

1. 高句丽传说中的柳花与奥赛梯人传说中的泽拉塞，都是三姐妹中的一个；三姐妹一同来到陆地上的时候，只有柳花一人被天王郎捕获，泽拉塞也是姐妹中唯一被埃库塞鲁特古射中的。

2. 天王郎为了同柳花结婚，利用鞭子行使巫术，很快就建好了一座宫殿，这一情节与那鲁特叙事诗中瓦苏特鲁吉在向泽拉塞求婚的时候，甩出鞭子很快便建造出了一座坟墓这一故事情节相似。

3. 柳花生下的朱蒙，后来成为著名的弓箭手。泽拉塞的孪生儿子乌流兹麦古和海缪兹自幼就是无人能及的神射手。他们从小就把弓箭当作玩具，随着年龄的增长，他们爱好这项游戏胜过一切，只要一有闲暇，就会沉迷于其中。他们发出的飞箭声音震耳欲聋。只要他们玩起此项游戏，所有那鲁特人都会躲在家中，将房门紧锁。有一次，正当他们玩弓箭的时候，有一位姑娘稀里糊涂地出来汲水。见此情形，海缪兹对着姑娘就是一箭，姑娘毫发未伤，但是手中的水瓶却被击得粉碎，缠绕在身上的衣服被震成了碎片。可怜的姑娘衣衫不整地一路哭号着逃回家中。

四、母神传说

朱蒙神话还包括以下耐人寻味的故事：

朱蒙离开扶余国出发前往高句丽建国，临行前，母亲柳花将五谷的种子用包裹包好递到儿子手上。可惜朱蒙告别母亲时，由于悲伤过度，竟然忘记带上小麦的种子就上路了。

路途中，朱蒙在一棵大树下休息，飞来两只鸽子。他想：一定是母亲女神给我送小麦的种子来了。于是拉开弓，用一支箭射中两只鸽子。打开鸽子的喉咙，果不其然，里面装的是小麦的种子。之后，朱蒙把水喷到鸽子的身上，它们重获新生，活泼地飞走了。

三品彰英早已注意到，这段故事里朱蒙在临出发去建国之际，母亲女神将谷物种子交给他，与希腊神话中德墨忒耳授予特里普托勒摩斯小麦种子，以及日本神话中天照大御神赐予爱子稻穗，让他作为大地的支配者降临相似。高句丽的故事除了与希腊神话、日本神话具有类似点之外，还与奥赛梯人的那鲁特叙事诗具有许多共同之处。

前面说过，朱蒙的母亲柳花，在很多方面都与那鲁特叙事诗中的泽拉塞相似，泽拉塞曾与姐妹们化作三只鸽子飞到树枝上，被树下的弓箭名手埃库塞鲁特卡特家的先祖埃库塞鲁特古射中，后来因为埃库塞鲁特古带来鸽子身上滴落下来的鲜血，喷在泽拉塞身上，泽拉塞才得以从濒临死亡的状态中复苏过来。按照三品的解释，这一点与高句丽神话相似。两只鸽子可视为柳花的"另外一个样子"，它们飞到在大树底下休息的高句丽王家始祖、有名的弓箭手朱蒙的面前，朱蒙射落它们，然后用水将它们救活。

关于朱蒙的母亲柳花，三品注意到她是高句丽的"祖母神"，在首都东方水边的洞窟中受到祭祀，他指出，这一点与鲍桑尼亚斯记述的德墨忒耳在阿卡狄亚的祭祀状态酷似。

本章第一节介绍了阿卡狄亚的德墨忒耳神话，德墨忒耳受到波塞冬侵犯以后，怒不可遏地隐身于厄莱伊山的洞穴之中，这处洞穴后来作为德墨忒耳的圣所，里面敬奉着表现女神愤怒表情的木雕像。鲍桑尼亚斯在造访当地的时候，这座木雕像早已经在一场大火中烧掉了。他向当地人询问情况，据说那座木雕像的身体呈现出人间女性的模样，头被做成马头形状，从头部长出蛇和其他的猛兽像。女神形象一手持一只海豚，另外一只手上托着一只鸽子。

　　三品注意到，在高句丽也有在岩屋内祭祀女神的仪礼，在朝鲜后代的民间信仰里，被视为观音圣窟的岩屋形状在不断发生着变化。观音圣窟的典型例子之一，就是现韩国江原道襄阳郡五峰山洛山寺东方的一处海边岩窟，被认为是"观音大士所住之处"，据说有人曾来到岩屋前，赤诚地参拜，居然看见青鸟（＝鸽子）出现。

第六章　日本神界的三种功能的构造

第一节　三种功能与日本神界的构造

一、日本神话的思想体系

前一章中，我们看到了日本神话一方面与希腊神话，另一方面与斯基泰神话或者是奥赛梯人的那鲁特叙事诗有着很多显著的类似点。接下来我们考察了朝鲜的高句丽神话中的朱蒙神话。

可以看出日本受到来自希腊或者斯基泰民族神话影响的痕迹，同时我们也在被认为是这一要素传播途径的朝鲜神话中发现了这种痕迹。伊朗系游牧民族的神话，以斯基泰民族为媒介，经由朝鲜半岛流入了日本。其结果就是使得日本神话中包含了和印欧语系诸民族的神话共通的一些要素。大林太良先生和笔者所提倡的这一假说，就是通过上述的具体事实得以确认的。

然而日本神话不仅在这样个别的传说或是话题上与印欧语系诸民族的神话有着显著的类似，就连神话中表现出的世界观和用来讲述神话的基本构造也在细节上甚至都与印欧语系诸民族的神话基本一致。换言之，诚如本书所言，日本神话确实包含着在起源和传播的时期上都各不相同的诸多要素。而将上述要素组织为一个完整的统一体的思想体系自身，则是通过上述的路径由印欧神话中传播到日本来的。

二、五部神的作用

在前一章的第二节中，通过考察我们得知，日本的三种神器与古代斯基泰王族所传承的来自上天的三种宝物之间，分别在象征宗教（＝神圣王权）、军事（＝战斗）、农业（＝粮食生产）这样三种社会功能上存在一致性。而且日本神话中也明白无误地表明了三种神器所代表的三种社会功能是非常重要的观念。也就是说，人类社会原本就是由分担这样三种功能的集团，即祭司（＝掌权者）、战士、粮食生产者（＝庶民）所构成的。

日本神话所构想的处于天皇家族统治下的这个国家需要建设并理应具有的社会形态，其实都已经呈现在了天孙降临的神话之中。根据这则神话，当天孙迩迩艺命作为瑞穗之国的统治者从天而降之时，还有一群天神伴随着他，这些天神就是日后为了行使天皇家族的主权而必须掌握一些关键功能的那几个氏族的始祖。这个伴随天孙而降临的天神集团，其实根本就是与天皇家族一道君临这个国家和土著的庶民之上的统治阶级的神话版本。

如果我们将这些在《古事记》和《日本书纪》中共通的，伴随着天孙一同降临的天神的名字列举出来的话，其实一共有七位。在《古事记》天孙降临一节当中，除了这七位天神，还列举了两三位天神之名。但是此章节中重点阐释的只有这七位天神，因为他们是日后重要氏族的祖先。这其实也已经明确表示这七位天神就是构成降临的天神集团的主要成员。在这七位天神之中，天儿屋根命、太玉命、天钿女命、石凝姥命和玉祖命这五位神又被统称为"五部神"或者"五伴绪"，形成了天孙的亲卫集团。与此对应，《古事记》记载天忍日命与天久米命二神"取负天之石靫，取配头椎之大刀，取持天之波士弓，手持天之真鹿儿矢，立御前而侍奉"。显然这两位天神成为天孙降临先驱的前卫集团。五部神自不必说，在天之岩屋的祭典之上分别扮演了重要的角色。其中，从天儿屋根命那里产生了中臣，太玉命产生了忌部，天钿女命产生了猿女，石凝姥命产生了镜作，玉祖命产生了玉作这五支祭司，或者是监督制造祭祀工具的氏族。而天忍日命与天久米命二神，前者成为大伴，后者则成为久米这样主管武装的氏族的始祖。

一方面是围绕在主权者迩迩艺命周围的祭司或者是起到辅助祭祀功能的天神集团，另一方面则是起到战士功能的武神集团。天孙降临神话所展示出的日本统治者的神话形态就是由这二者构成的。换言之，日本神话其实在这个地方就已经明白无误地表明了自己的思想体系，也就是社会是由主权者（＝祭司）和战士二者组成的，是由那些具有高贵出身的统治者君临负责生产粮食和财富的这片国土的土著庶民之上而构成的。

三、天神地祇所代表的意义

这样一来，日本神话世界的构造中就明确地反映出一种观念，即认为构成社会的一些要素分别是主权者（＝祭司）、战士、粮食生产者（＝庶民）。

众所周知，日本的神明自古以来就大体上分为两个不同的类别，也就是天津神（＝天神）和国津神（＝地祇）。而将其统称为"天神地祇"作为神明的总称则是奈良时代以来的习惯。但是这样传统的神的分类方法，经过大林太良先生的分析就立刻变得明晰了。其实人类社会本身就存在因为职能不同而产生的身份差别，这完全就是之前看到的这些差别在神话世界的投影罢了。

那么在日本神话中登场的主要天神都有哪些呢？以天照大神为首，高御产巢日神、神产巢日神等等都是至高无上的天神，他们拥有在高天原之上统治世界的主权。此外，还有一批天神，他们在以高天原为舞台展开的神话中表现活跃，比如在天之岩屋前为了执行祭典任务而各自发挥重要作用的五部神以及思金神、天手力男命等天神。上面提到的这些神明在天神降临的时候，都拥有自己的护卫，一批具有武神性格的天神作为这些主要神灵的前卫，伴随着主权者天孙一同降临地面。除此之外，在神话中起到重要作用的天神还有在让国神话和神武东征神话中登场的建御雷命，他的父亲天尾羽张命，以及在《日本书纪》当中作为高天原最后的使者在让国事件中与他一道被派遣到出云的经津主命。这几位神构成了军事神明的种族，将常住在高天原的刀剑神格化了。

天神集团在神话中颇为活跃的性格让我们了解到他们各自的性质，如上所示，一方面是主权神以及隶属于主权神的具有祭司性质的神明，另一方面则是与前者明显具有不同神格的武神们。与这些天神相对应的则是那些被称为国津神的神明，他们的主要作用就是明确地作为国土上的土著，发挥其"土地之神"的作用，为供养统治者进行生产。这种观念通过"食国"这个词就可以淋漓尽致地表达清楚。所谓"食国"就是指在国土之上生产粮食与财富。

既然叫作天神地祇，就是按照神明所担负的职责将其分为主权（＝祭祀）、军事这样掌握支配权力的天神和生产粮食的被支配的地神两大类。通过神话叙事，我们很清楚在天神集团内部又进一步划分为祭祀性格的神明和军事性格的神明两类。可以确信，这样的神话世界构造正确地反映了日本神话的思想体系。这个体系无疑和之前讲述过的人类社会的理想构成有关。

日本神话的神明世界反映出将人类社会的理想构成纳入神话中的观念，而这个神明世界是由分别掌握三种不同社会功能的神明所构成的。这一观念将在我们稍后提示的事实中得到确认。

四、三大神的性格

习惯上，我们一般将日本神话的中心部分称为"高天原神话"和"出云神话"，也就是说，这些神话都是以高天原和出云为主要舞台展开的。在这个部分的开头，不用说大家也都知道是以伊邪那岐和伊邪那美为主人公的诞国神话开始的。接下来这段神话记叙的则是居住在日向的天皇家族祖先三代的事迹，也就是我们常说的日向神话，在日向神话的后面又记叙了神武东征神话。在这一系列中，前者伊邪那岐·伊邪那美神话主要讲述了之后将成为神话舞台的世界和在那个世界当中活动的众神是如何诞生出来的，换言之，这里形成了日本神话的序章部分。接下来的日向神话和神武东征神话一般被视为一个完整的神话部分，在这段神话中活跃的已经不再是纯粹的神明，而是具有半神性格、加入人类的行列和人类具有共通的宿命、不再永生的英雄。因此，如果我们用全球学术界所通行的严密的学术用语来称呼的话，这一段与其说是神话，不如说是英雄传说更为贴切一些。

就这样，神话分成了序章和后章。序章部分扮演主角的神灵主要负责创造神灵，而在宇宙形成之后，这些神灵就再也没有登场，所以他们属于原始神。后章部分主要讲述的是英雄传说。这两部分分别将高天原和出云作为舞台。序章部分主要叙述了支配现在世界的神明的活动，由此构成了所谓日本神话的骨干部分。这个部分显而易见是以天照大神、建速须佐之男命和大国主命这三位强有力的神明作为主人公的。

将高天原作为舞台的神话以建速须佐之男命的天界访问为开端，记叙了天照大神和建速须佐之男命两位神明之间的誓约，他们如何产下后代，建速须佐之男命对天照大神犯下的种种恶行，以及天照大神躲避到天之岩屋，最终以建速须佐之男命被逐出天界结束。这一部分一贯的主题体现在天照大神和建速须佐之男命在天界的对决。接下来则记叙了被逐出天界的建速须佐之男命来到了出云，这自然就是所谓出云神话的序幕了。这一部分前半部的主人公不用多说，自然就是斩杀了大蛇而和栉名田毗卖结婚从而生出了大国主命等国津神的建速须佐之男命。后半部的主人公则更换为大国主命。大国主命在完成自己的主要业绩即国土营造的事业之前，就曾经逗留在根之国，受到了来自根之国的国王建速须佐之男命的各种严格的训练，完成了"创造国家"的事业之后，接着就在所谓的"让国事件"中作为国津神的首领围绕着国土的统治权和高天原的主宰者天照大神展开了争夺。

在日本神话的核心部分，天照大神、建速须佐之男命、大国主命作为活跃的主角分别按照天照大神VS建速须佐之男命、建速须佐之男命VS大国主命、大国主命VS天照大神这样的顺序，戏剧性地互相对决。我们可以明确地认为这

三位大神在日本神话中扮演了三大主神格。（参看下表）

	支配者的功能		被支配者的功能
	主权·祭祀	军事	生产
天孙降临神话中表现出来的人类社会的理想构造	主权者（天皇）＝天孙的子孙＋祭司或者祭祀用具的制作者（中臣·忌部·猿女·镜作·玉作）＝天之岩屋祭典中活跃的五部神的子孙	战士（大伴·久米）＝降临先驱者的武神们的子孙	庶民＝将国家的统治权转让给天神的国津神们的子孙
神话中的主角三大神	天照大神	建速须佐之男命	大国主命
三种神器	镜	剑	玉

　　这三位主神实为一组，各自代表有力的主神性格和功能。如果进行对比的话，自不必说首先就能看到天照大神保有天上的王权，最后又征服了大国主命，通过天皇家族继而在大地上行使其统治权。天照大神作为宇宙的统治者，具有相当于人类世界的国王那样发挥作用的神格。而且这位女神就像是在建速须佐之男命为非作歹的那场神话中所表现的一样，"在忌服屋中编制神御衣"或者是"进行大尝"[①]等，是一位准备并且执行祭祀之事的天神，作为天上的祭司而发挥其作用。建速须佐之男命则是一位异常残暴、有着偏激性格的武神。最后的大国主命作为一国之主的同时，也是一位农业守护神，我们可以将其定义为拥有生产功能的丰饶之神。

　　这样一来，日本神话世界中具有三大神格的这些神明，就扩大到宇宙级别，分别掌握着主权者（＝祭祀）、战士、粮食生产者的功能。也就是说，可以将这样三种社会身份视为社会的主要构成要素。这种分担社会身份的功能就是为了维持世界的秩序所必需的重要的存在。而如上所述的思想体系就原原本本地反映在三位一体、三神一组的主神格的构成之中。

[①]大尝祭。日本天皇继位后第一次举行的新尝祭。天皇亲自将当年的新谷献给神的大祭典。——译注

第二节　日本的神话世界与印欧语族的古老神话世界

一、三人一组的主神格

正如我们之前看到的那样，日本神话当中清楚地表示出了将主权者（＝祭司）和战士二者构成的支配阶层君临于从事粮食生产的土著庶民之上的结构视为社会应有姿态的思想体系。而且，与这三种社会身份在人类社会发挥的作用相呼应的三种功能，不仅是自然界，甚至是超自然界得以正常运行所不可或缺的要素。这样的想法不只表现在由三种神器构成的神话世界中，同时也在三人一组的主神格构成等等之上以多种形式表现出来。

事实上，通过法国神话学者杜梅齐尔的研究，我们已经可以清楚地知道，这种认为社会是由分属于三种不同身份的人类集团构成的，并且这样的三种不同的社会功能又是构成宇宙秩序的核心要素的观念，一直以来都是印欧语族古老文化的固有要素。我们可以透过印度教的《梨俱吠陀》中的教理看到这种表现。其教理认为，印度的人类社会是由除去不被视为人类的贱民首陀罗之外的婆罗门（＝祭祀）、刹帝利（＝战士）和吠舍（＝庶民）这三种身份的阶层构成的。我们也可以通过琐罗亚斯德教的《阿维斯塔》中的教理看到与此完全一致的观念，也就是说，社会是由穆护（＝祭司）、阿扎特（＝战士）和瓦斯特里·奥尚萨达尔（＝农民·牧民）这样三种身份的阶层构成的。

杜梅齐尔证实，在印度和伊朗两个文明中发现的这种关于理想的人类社会的构成观念，其实自古以来也存在于凯尔特人、希腊人、罗马人和日耳曼人等诸多其他的印欧语系的民族之中。通过分析很多的资料，笔者也清楚地看到了自古以来印欧语系诸民族的神话世界对这样的观念的反映，而且他们的神话世界也是由三种不同的神明构成的，这三种神明分别掌握与三种社会身份各自的任务相对应的功能。

通过我们之前看到的奥赛梯人的那鲁特叙事诗中关于英雄社会构造的描述，可以确信直到今天，在活跃于亚欧大陆草原地带的伊朗系游牧民族之中，有关印欧语系诸民族的古老神话世界构造的观念得以完整地保存了下来。比方说，这部叙事诗的主人公那鲁特，其实就是伊朗系游牧民族所尊崇的神明变化而成的具有半神性质的英雄，而他们的社会，根据叙事诗的记载，其实是由三个大家族构成的。这其中的阿里凯特家族在那鲁特中主要担任祭司的职责，而埃库塞鲁特卡特家族则是英勇无比的战士一族，剩下来的波拉特家族基本上就是拥有很多家畜，富裕但却柔弱的集团。

再者，之前我们看到的斯基泰王族所拥有的圣宝分别是祭祀用具、武器和农具三样，这也明确地反映出了斯基泰人其实继承并保持着印欧共同文化体，即认为社会是由祭司、战士和粮食生产者这样三种不同的身份所构成的观念。

这种认为人类社会是由祭司（＝主权者）、战士和粮食生产者三种不同身份构成，并且与这三者相对应的分别掌握这三种功能的神明又构成了印欧语系诸民族古老神话世界的观念，其实还反映在代表神话世界的主神格集团的构成上。

在古罗马，一般认为是朱庇特、马尔斯和克洛诺斯这三位神明构成了最强大的三人一组的神明组合，而且也只有这三位神明是由被称为大祭司的最高祭司们来祭祀的。在基督教还没有兴起之前，瑞典的宗教中心乌普萨拉的大神殿中曾经同时祭祀着日耳曼神话世界中和古罗马的三人一组主神格相对应的奥丁、索尔和费雷这三位神明。（参看下表）

印欧语系中人类社会与神话世界的构造所反映的三种功能的体系

		主权・祭祀	战斗	生产
人类社会	印度	婆罗门	刹帝利	吠舍
	伊朗	穆护	阿扎特	瓦斯特里・奥尚萨达尔
叙事诗中的英雄世界	那鲁特叙事诗	阿里凯特	埃库塞鲁特卡特	波拉特
神话世界	罗马	朱庇特	马尔斯	克洛诺斯
	日耳曼	奥丁	索尔	费雷

从上表可以看出，罗马和日耳曼的三人一组主神格都是由身为神话世界的王者而统治宇宙的至高主权神（朱庇特、奥丁）、武神（马尔斯、索尔），以及与农业有着深切关系的丰饶之神（克洛诺斯、费雷）三者构成的。这与之前分析过的日本神话当中的天照大神、建速须佐之男命、大国主命所构成的三人一组的主神格极为相似。

二、印欧语系的主权神集团

在构成印欧语系的一个重要分支即印度・伊朗语族（斯基泰人就属于此语族）的观念当中，三种功能中的第一种即主权者（＝祭司）的功能（以下将称之为"第一功能"——作者注）自古以来就是由伐楼拿、密特拉、阿里谒摩、跋迦这四位最高神明一同担当的。而这之中，又首推伐楼拿为四位至高神中最具超越性的神格。他来自与下界遥远隔绝的天空，通过行使无量的魔法来统治整个宇宙。人类根本无法推测其意，他是一位让人毛骨悚然的神明。与伐楼拿截然相反，密特拉虽然位居上天，却是一位很喜欢人类的温柔的神明。前者的统治如果说是通过巫师来实现的话，那么后者的统治则是通过祭司（＝司法者）来实现的。密特拉尤其作为契约、誓约和信义的守护神，爱好和平，比任何人都要讨厌暴力和流血。阿里谒摩和跋迦作为密特拉的辅佐，他们互相联合，与伐楼拿和密特拉一道作为王者在天上支配着整个世界。阿里谒摩就像他的名字一样，是拥有征服和支配使命的高贵的雅利安民族共同体的守护神。这位神明与主权神密特拉有着密切的关系，传说是他开创了雅利安民族的宗教祭典，并且醉心于此，将之正确地传承下去。阿里谒摩作为契约的守护神，一边辅佐密特拉，一边守护婚姻的缔结、礼物的交换、主次关系的维持等等。另外，阿里谒摩还是道路和交通的守护神，保障人类的自由往来，我们可以视之为维持和强化雅利安民族共同体团结的神明。跋迦是和阿里谒摩一道辅佐密特拉的，但是他与密特拉的关系远不如阿里谒摩与密特拉那么紧密，他更多的是一位与众多丰饶神有关的神明，他在天上监督着地上的这些丰饶神们，负责将生产出的财富公正地分配给人类。

印欧神话中第一功能神集团的构成

	神秘的魔法师	祭司性的司法者	民族共同体的守护者	财富分配的管理者
印度·伊朗语族	伐楼拿	密特拉	阿里谒摩	跋迦
罗马	朱庇特	斐底阿斯	尤瑞特斯	特尔米努斯
日耳曼	奥丁	提尔	巴尔德尔	霍尔德尔

　　如上表所示，杜梅齐尔同时指出，存在于印度·伊朗语族神话世界中的古老的第一功能神明组合及与其相对应的神明组合同样存在罗马或是日耳曼的神话世界中。这说明，由四位神明构成的主权神集团来自印欧语系诸民族共同的神话世界。就像我们接下来即将看到的那样，印欧语系的这种主权神集团的构造和日本神话当中表现出来的至高神集团之间存在着相当的一致性。

三、日本三人一组的主神格

日本神话中讲到，自高天原之上对诸神发号施令统治世界的主权神无疑就是天照大神、高御产巢日神、神产巢日神这三位神明。此外还有天之御中主神，神话中虽然提到了这个名字，但却没有对其具体活动进行任何描写，他是一位充满谜团的至高无上的主神。《古事记》和《日本书纪》当中都讲述，天地初开之时，先于高御产巢日神和神产巢日神出现的，同时也是第一个出现在高天原的神明是天之御中主神。从他的名字判断，他分明就是位于高天原的中央、君临世界万物的最高的绝对神明。

天之御中主神是位于上天中央的一位至高无上的绝对神明，除了这个描述之外，神话当中没有对他的实体进行说明，应该说他就是一个超越性的神秘的存在。身为至高神，又与人类距离较近，在神话中性情和行动也有具体刻画的神明是天照大神、高御产巢日神和神产巢日神三位。他们与天之御中主神的关系不正如上述伐楼拿与密特拉、阿里谒摩和跋迦之间的关系么？

其实天照大神不仅在作为至高神与人类关系密切这一点上，而且在很多方面都与密特拉非常相似。首先，天照大神是一个自然性的神明，也就是太阳女神。密特拉也是自古就被认为是白昼或者阳光的化身，之后更是被认为完全就是太阳本身的神。其次，天照大神对于建速须佐之男命的多次暴行最初都是抱着宽容之心的，保持就算再严重也会宽容他的态度，谁知对方的暴行愈演愈烈，直到最后将一匹活马的皮剥掉，将马扔到了纺织用的屋子里以至于织女负伤（后来又死掉了）。天照大神目睹了一次次残忍的流血的罪行之后，终于忍无可忍躲到了天之岩屋中。这和宽大慈悲、最讨厌流血的密特拉的性格几乎一模一样。再者，天照大神在天上是作为祭司从事祭祀活动的，这也与作为祭司神的密特拉极其相似。最后，天照大神因为誓约而与建速须佐之男命诞下孩子，这也让我们联想到身为誓约和信义的守护神的密特拉。

高御产巢日神是一位和天照大神有着紧密关系的神明，甚至和天照大神一道对其他的天神发号施令，可以算作宇宙的统治者。他在让国事件、天孙降临和神武东征等众多故事中都有表现。而上述事件无一例外地讲述了同样的故事：作为瑞穗之国的统治者被派遣到世间，作为天神集团或者是他们的子孙对这片国土进行征服和统治，继而发生诸多关系。因此，高御产巢日神的神话所具有的功能，实际上和我们之前看到的那位阿里谒摩，即与密特拉有着紧密关系，与作为征服（＝统治者）集团的雅利安民族共同体的那位守护神的作用极其相似。

在《日本书纪》的一段记录（神代卷第九段，其中"一书"之二，即第二种说法——作者注）中，高御产巢日神曾经诏曰："吾则树起天津神篱及天津盘境，当为吾孙奉斋矣。汝天儿屋根命、太玉命，宜持天津神篱，降于苇原中国，亦为吾孙奉斋矣。乃使二神陪从迩迩艺命以降之。"让后世在大和朝廷担任祭祀事务的中臣和忌部两氏族远祖的这两位神明伴随天孙迩迩艺命一同降临人间。如此看来，大和朝廷的祭典在天上就已经创始，命令祭司们在地上继续祭祀的正是这位高御产巢日神。这一切都让我们自然而然地想到了前面介绍过的有关阿里谒摩和雅利安民族祭典仪式的关系。《古事记》一书还记载，在神武东征的途中，高御产巢日神曾经派遣八咫乌为神武天皇一行人引路。这一点也和阿里谒摩作为道路和交通之神具有相似的一面。

神产巢日神明显是和高御产巢日神互为配对的存在，他和天照大神、高御产巢日神一道在高天原之上统治整个世界，但是从神话中可以发现，他与天照大神的联系远不如高御产巢日神和天照大神的联系那样紧密。神话中记载的有关此神的传说如下：

1. 从被建速须佐之男命杀死的大宜都比卖的尸体上取得五谷和蚕作为种子。
2. 派遣赤贝女神和蛤蜊女神两位贝类女神治愈大国主命，让被八十众神烧死的大国主命复活。
3. 命令从自己的指缝间诞生并且坠落人间的孩子少彦名与大国主命结为兄弟，协助他创造并且巩固国土。

诸如此类。神产巢日神的活动都和粮食或是财富的生产以及主管这些的大国主命的活动有关。日本神话中表现出来的作为主权神而存在的神产巢日神的作用与跋迦何其相似。跋迦和密特拉、阿里谒摩互相提携，一道在天上统治世界，但是没有像阿里谒摩那样与密特拉紧密联系，而更像是与保护地上丰饶的众神有关系，并且借此加入主权神行列。二者的相似作用如下表所示：

日本神话与印度·伊朗语族的神话世界中的主权神集团之间的对应关系

	1	2	3	4
印度·伊朗语族	伐楼拿	密特拉	阿里谒摩	跋迦
日本	天之御中主神	天照大神	高御产巢日神	神产巢日神

四、战士的功能

在印度·伊朗语族的神话世界中，通常都是由因陀罗和伐尤两位神明来代

表三种功能中的第二种，即战士的功能（以下简称"第二功能"——作者注）。雷神因陀罗一般都是乘坐战车然后使用各种各样的武器作战，可以视为具有"文明的"战士类型的武神神格的神明。与因陀罗相反，风神伐尤则是一位相当"野性的"暴力之神，他有时候甚至残暴到让人误以为他不是神灵而是一个恶魔的地步，因为伐尤有时根本不会考虑主权者的安全，一度令世界陷入一片混乱和危机之中。从中看出，第二功能之神伐尤与日本神话中凶残的暴力之神建速须佐之男命极其相似。

日本神话中还有一位与建速须佐之男命形成强烈对照的神灵，他武力强大，但却总是听从主权神的命令，这位典型的武神唤作建御雷命。他曾经立下了汗马功劳，辅佐天皇家族掌管国土，直至体制建立。建御雷命在让国事件和神武东征中起到的作用，酷似战争的守护神因陀罗的作用。其实因陀罗在神话中的战斗往往被理解为雅利安人对于原住民发起的征服战斗。

从建御雷命的名字上也能判断出他与雷神因陀罗的相似。与此对应的，建速须佐之男命则是从天父神伊邪那岐的鼻孔中诞生的，这让人联想到他具有暴风神的一面。这一点也与印度·伊朗语族的暴力之神伐尤的风神性格具有一致性。

五、第三种功能之神

印度·伊朗语族的古老神话世界中，第三个也是最后一个功能是关乎粮食生产的（以下简称"第三功能"——作者注），这一功能由一对拥有共同名字的双胞胎兄弟神来代表，他们的名字叫作阿须云或者纳萨迦。这两位阿须云不仅是财富之神、丰收之神、医疗之神，同时还是绝世的美男子，代表了人类的爱欲。最令人称奇的就是，他们虽然是双胞胎，但是生父却不是同一个人，兄弟俩出生的地点也不相同。一个是上天幸运的儿子，出生在天上；另一个却是一位身份不明的叫作苏马卡的男子的儿子，出生在地上。其中苏马卡的儿子更为英俊，不仅具有第三种功能的主神格，同时还具有战神的资质。另一方面，天的儿子阿须云则是一位彻底的和平主义者，他是一位智者，与第一种功能有着密切关系。

日本神话中有关第三种功能主神格的描述，就是关于之前讲到的大国主命的。这位神明是农业与丰饶之神，同时也是医疗之神；不仅如此，他还是空前绝后的美男子，艳福不浅。以上这些都与阿须云非常相似。并且与阿须云是两位兄弟神一样，大国主命也有一位和他拥有不同父母和出生地的兄弟，即少彦名。这两位具有第三种功能的日本兄弟神之间的差异，与两位阿须云之间的差异在描述上基本相同。也就是说，神话中作为建速须佐之男命的子孙而出生在地上的大国主命和苏马卡的儿子阿须云一样都是绝世的美男子，大国主命还在根之国受到了建速须佐之男命的严格训练，获得了生大刀和生弓矢这两件宝物回到了地面，最终凭借武器的威力征服了曾经迫害过自己的八十众神。他同时具有战士的功能。与此对应，作为神产巢日神的儿子出生在天上的少彦名，与战斗毫无关系，是一位彻底的和平主义神明，还是一位智者。这些都让我们联想到了天的儿子阿须云。

以上叙述的内容可以用下表来表示：

主神格集团的构成

	印度·伊朗语族	日本
第一功能	1. 伐楼拿 2. 密特拉 3. 阿里谒摩 4. 跛迦	1. 天之御中主神 2. 天照大神 3. 高御产巢日神 4. 神产巢日神
第二功能	5. 伐尤 6. 因陀罗	5. 建速须佐之男命 6. 建御雷命
第三功能	7. 阿须云（苏马卡之子） 8. 阿须云（天之子）	7. 大国主命 8. 少彦名

第三节　三功能体系与朝鲜

一、朝鲜是否存在三功能体系

目前为止，本章主要讨论了由祭司（＝主权者）、战士、生产者来分担人类社会的一些功能，而且与之对应的三种功能以及原理被认为是维持宇宙秩序重要的一环，进而认为神话世界也是由分掌这三种功能的神明构成的。最令人惊奇的是，这种思想体系（杜梅齐尔提倡将这种思想体系称为"印欧的三种功能"——作者注）竟然在日本神话中以一种极为相似的形式被表现了出来。我们可以在位于亚欧大陆最东端的日本的神话中明确地发现由杜梅齐尔证明了的印欧语系诸民族所共有的这种三功能体系的影响。正如之前我们多次论述的那样，活跃在草原地带的伊朗系游牧民族的神话是由阿尔泰语系的民族传播给了朝鲜半岛，又由朝鲜半岛最终传播到了日本。这条传播路径的出发点，不用说也能知道就是伊朗系游牧民族自古就拥有的由三功能体系组织起来的神话。而这通过我们之前论述的古代斯基泰王族的圣宝的构成，或者是在奥赛梯人的叙事诗中看到的关于半神的英雄们的社会构造就已经能够得到确认了。

那么，在这条传播路径上距离日本最近的朝鲜，又会是一番什么样的景象呢？因此，我将探讨从朝鲜神话中是否也能发现这种印欧的三功能体系的痕迹，并以此作为整本书的结尾。

在思考上述问题的时候，有一点不得不预先声明，那就是在朝鲜神话中完全不存在类似日本神话中的伊邪那岐·伊邪那美神话、高天原神话以及出云神话等性质的旨在讲述世界最初阶段神明是如何诞生的狭义上的神话。我们能够得知的只是讲述古代朝鲜的诸王国是如何起源的，也就是建国神话而已。因此我们根本没有任何材料来探讨朝鲜的万神殿是否也是基于三功能体系而组织起来的。

然而，虽然确实存在很大的制约限制我们的研究，大林太良先生还是卓有成效地从古代朝鲜诸国的建国传说中找到了一些重要的事实，以此说明在很早以前三功能体系的影响就深刻地波及了朝鲜的神话。

二、檀君神话

我们首先可以在以天帝的庶子桓雄为主人公的传说中清清楚楚地看到三功能体系的影响。桓雄是从天而降的古代朝鲜第一位国王檀君的父亲。

据说，天帝桓因的儿子桓雄得到父亲赐予的三枚天符印，率领神灵三千降临太白山顶的一棵神檀树下，被称呼为桓雄天王，统治着人间。就在桓雄降临的附近有一个山洞，其中住着一只老虎和一头大熊。它们热诚地恳求桓雄将它们变成人类。桓雄拿出二十片蒜瓣和一把艾草，嘱咐它们吃完之后百日之内不能见阳光，只要照办就可以幻化为人形了。老虎和熊依照桓雄的吩咐吃掉了艾草和大蒜。老虎按捺不住黑暗，出去见了光，结果没能变成人。熊则在第21日变成了女人。熊变成女人后却没找到丈夫，于是在一棵神檀树下再次向桓雄祈祷，希望能有一个孩子。桓雄被熊女的祈祷打动，娶了熊女为妻。后来熊女生了个孩子，就是檀君王俭。

在这则与日本的天孙降临神话存在诸多类似点的檀君神话中，桓雄、老虎、熊分别扮演着重要的角色，并且形成了一种三人一组的关系。大林太良先生接下来指出这与三功能体系存在着某种关系。

在这则神话中，桓雄是从天而降的统治者，代表了主权的功能。老虎则象征了军事的功能。因为朝鲜到了高丽王朝时期将官吏分为文班和武班，其中的文班被称为龙班，武班则被称为虎班。而且在虎年虎月虎日制作的刀剑也被认为是上乘之物，可以明显看到在朝鲜老虎一般都是和军事功能发生联系的。近年来甚至有信仰传说只要在怀孕的时候梦到老虎，将来孩子一定可以作为武官出人头地。综上所述，老虎就代表了军事功能。熊在朝鲜神话中最大的作用就是与桓雄结婚生下了孩子，这不正属于丰饶的功能么？如此一来，我们不就可以解释檀君神话中有关三种功能的要素了么？[①]

三、高句丽的三王

大林氏指出，从如前所述的东明王朱蒙开始，高句丽王朝最初的三位国王在他们的传承关系当中反映出三功能体系，具体情形如下：

高句丽的始祖朱蒙因为自己建立的国家欠缺鼓角（太鼓和角笛）的威仪，无法用王礼迎送邻国沸流的使者，担心礼数不周难免遭到轻视，为此长吁短叹。传说他的大臣听到后，就把沸流王松让小心保管的圣宝鼓角取来献给他。

第二代瑠璃明王类利，是在父亲流亡的时候诞生的。朱蒙在扶余的时候，娶了礼氏的女儿为妻。离别之际，礼氏的女儿怀孕。朱蒙对妻子说，如果生下的是一名男孩，那么就让他去找自己藏在七角石上松树下的物品。交代完毕就出发了。长大后的类利从母亲那里听到这件事，便在家里的柱子和基石之间看到了父亲留下的纪念物——半把被折断的剑，于是他携带着这半把剑去寻找父亲。朱蒙把类利带来的半把剑与自己手中的断剑合在一起，刚好是原来的那一把整剑。于是父子相认，类利被立为太子。

第三代大武神王无恤，率领军队讨伐扶余的时候，看到一位女子担着鼎在沸流河的水边嬉戏，当无恤走上前去一探究竟时，女子不见了，唯独留下了那尊鼎。令人感到不可思议的是，那尊鼎不用点火就能变热，并能自行生产出食物，让军队士兵吃饱喝足。当军队到达一个叫作利勿林的地方驻扎时，夜里，大家听到金属碰撞的声响，等到天亮差人打探时，意外地得到了金印和兵器。大武神王笃信这是天神赐给自己的宝物，欣然拜受了。

高句丽最初的三位国王，每一位都获得了具有神圣由来的宝物。如果将这些宝物按照其各自代表的功能分类的话，那么最初东明王获得的鼓角，因为是

[①]《研讨会　日本的神话 5・日本神话的原本形态》，学生社，1975 年，第 112 页。——原注

在迎送邻国使者的场合中使用的王礼，是一种为了显示大王的权威而使用的乐器，显然是与王权即第一功能相关的宝物。第二件是瑠璃明王获得的宝剑，代表着第二功能即武器。第三件是大武神王得到的鼎，它可以生产出无穷无尽的食物，属于粮食生产即第三功能。如此说来，三代国王分别获得了代表着第一功能、第二功能、第三功能的宝器。大林太良指出，高句丽传说中出现的宝物，与我们前面章节探讨的斯基泰王的圣宝以及日本的三种神器相对应，表示出圣宝所代表的三项功能：

高句丽传说中出现的宝器和三功能体系

	第一功能	第二功能	第三功能
斯基泰王家的黄金器皿	酒杯	战斧	耕具
日本的三种神器	镜	剑	玉
高句丽三王获得的宝物	东明王的鼓角	瑠璃明王的剑	大武神王的鼎
大武神王获得的宝物	金印	兵器	鼎

大武神王在水边获得的鼎，与东明王、瑠璃明王得到的宝器一同构成了三代最初国王获得的三件圣宝这一组图示。另外，大武神王获得鼎之后又得到了金印和兵器，构成一组。在这一组中，鼎被大武神王认为是上天赐予之物而拜受，金印代表着第一功能王权，兵器代表战斗即第二功能。因此，大武神王相继获得的这三种宝物又构成一组，分别代表三种功能。

四、三功能体系的证据

不仅如此，大林太良先生还在新罗的一则传说中找到了可以明确反映三功能体系的证据。传说中皇龙寺的丈六尊像、九层塔以及真平王即位时得到的上天所赐的玉带这三样物件被称为"三宝"。大林先生的这些研究，强有力地证明了近年来我们关于存在于古代朝鲜的印欧的三功能体系传播到了日本的见解。

不过，目前存在的问题是，印欧神话的影响传播到亚欧大陆的远东这条路径，按照现有的这个观点进行研究，关于朝鲜之外的阿尔泰语系的诸民族几乎可以说是一片空白。要想了解这些民族自古以来就拥有的神话内容，需要详尽的资料。然而条件匮乏，致使研究存在极大的困难。

令人欣慰的是，关于这些问题，大林太良先生也给出了极为重要的解释。他的研究成果表明，在古代匈奴的祭祀以及蒙古的万神殿的构造当中，都发现了三功能体系的痕迹。我们可以期待这方面的研究在不远的将来取得新的进展。

　　在本书中，我们参考了学术界最新的研究成果，得以将日本神话与世界其他地域的神话传说进行尝试性的比较研究。其结果就是，我们最终确认了日本神话确实如以前所说的那样可以分为"南方系"和"北方系"两大类。另外，其中还包含着来自不同地域的起源各异的要素。"南方系"的要素当中，不少是同稻作一起从中国的江南地区到达日本的。通过对《古事记》和《日本书纪》的研究可以看出，对日本神话体系的形成起到决定性作用的仍然是作为统治者文化的一环，经由朝鲜半岛传来的发源于印欧文化的神话的影响。不可否认，我们所拥有的有关天皇家族的神话，不仅在众多个别的要素上，而且在中心构造和思想体系上受到了印欧文化的深刻影响。

参考书目

本书参考的关于日本神话的书目：

大林太良：《日本神话的起源》，角川书店，1973年（初版1961年）。

大林太良编：《日本神话的比较研究》，法政大学出版局，1974年。

大林太良、伊藤清司编：《研讨会　日本的神话》全五卷，学生社，1972—1975年。

松本信广：《日本神话研究》，平凡社，1971年（初版1931年）。

三品彰英：《三品彰英论文集》全六卷，平凡社，1970—1974年。

大林太良：《稻作神话》，弘文堂，1973年。

大林太良：《日本神话的构造》，弘文堂，1975年。

第一章

石田英一郎、江上波夫、冈正雄、八幡一郎：《日本民族的起源》，平凡社，1958年。

冈正雄：《日本民族文化的形成》，见《图说日本文化史大系1　绳文·弥生·古坟时代》，小学馆，1956年，第106—116页。

冈正雄：《日本文化的基础构造》，见《日本民俗学大系2　日本民俗学的历史和课题》，平凡社，1958年，第5—21页。

第三章

坪井清足：《绳文文化论》，见《岩波讲座日本历史1　原始及古代1》，岩波书店，1962年，第109—138页。

藤森荣一：《从绳文时代开始的民间传说》，载《传统和现代》一号，1970年，第156—161页。

藤森荣一：《绳文农耕》，学生社，1970年。

第四章

大林太良：《从比较神话学看日本神话——以海幸彦山幸彦为中心》，见《讲座日本文学 1　上代编 1》，三省堂，1968 年，第 149—169 页。

大林太良：《海和山·男和女》，载《ぱれるが》，二三四号，1971 年，第 2—5 页。

伊藤清司：《日本神话和中国》，见《日本神话的可能性》，传统和现代社，1973 年，第 178—197 页。

佐佐木高明：《稻作以前》，日本广播出版协会，1971 年。

石田英一郎：《隐蔽的太阳——太平洋周围的岩屋神话》，见《石田英一郎全集 6　桃太郎的母亲》，筑摩书房，1971 年，第 39—58 页。

第五章

吉田敦彦：《希腊神话与日本神话》，みすず书房，1974 年。

吉田敦彦：《关于露出女性性器的神话》，载《知识》创刊号，1975 年，第 268—284 页。

第六章

吉田敦彦：《日本神话与印欧神话》，弘文堂，1974 年。

吉田敦彦编：《比较神话学的现状》，朝日出版社，1975 年。

依田千百子：《日本神话和朝鲜神话》，载《国文学解释和鉴赏》四六〇号，1972 年，第 122—129 页。

● 笔者在本书中陈述的观点，皆以拙著为基础展开，敬请参考：

《天照大御神的原像》，青土社，1987 年。

《日本神话的特色》，青土社，1989 年。

《丰穰与不死的神话》，青土社，1990 年。

《日本的神话》，青土社，1990 年。

《传说的考古学》，中公新书，1992 年。

《绳文宗教之谜》，大和书房，1993 年。

《日本人的女神信仰》，青土社，1995 年。

《日本神话的由来》，青土社，1998 年。

《日本神话》，PHP 研究所，2006 年。

神话的考古学

第一章　日本神话与希腊神话之间奇妙的类似

希腊神话从荷马的叙事诗《伊利亚特》开始，就反复地被欧洲的众多文学作品所讲述，通过美术手段去表现，因而对于我们大众来说，也是相当熟悉的。可是，实际上可以发现在希腊神话与《古事记》或《日本书纪》中所记录的日本神话之间，存在许多并不能简单地认为只是偶发的类似点。这些类似点正好为研究日本神话的起源提供了一个重要的线索。那就让我们一同从希腊神话究竟与日本神话有何相似之处，以及为何有此相似之处为出发点，从不同角度深度剖析日本神话，探寻日本神话的起源与意义吧！

一、试图将妻子带回人间而造访冥府的俄耳甫斯与伊邪那岐

希腊神话中有一段特别有名的传说，那就是俄耳甫斯访问冥府的故事。由拖拉齐亚的河神俄阿罗格斯与诗歌女神缪斯中的卡莉欧碧所生的俄耳甫斯是个音乐天才，据说当他弹起竖琴吟唱的时候，即使是飞禽走兽、山川草木也会为之动容。因为爱妻欧律狄刻（宁芙女神）不慎猝死，极度悲伤的俄耳甫斯决定只身前往地下的死者之国使爱妻复活。最终，他凭借出色的琴音和歌声打动了冥王哈得斯及其王后珀耳塞福涅，而被容许将欧律狄刻带回地上。可是却有一个条件，

雅典帕特农神庙

回头张望妻子欧律狄刻的俄耳甫斯（右），试图将欧律狄刻带回冥府的亡灵向导赫尔墨斯（左），意大利那不勒斯国立美术馆

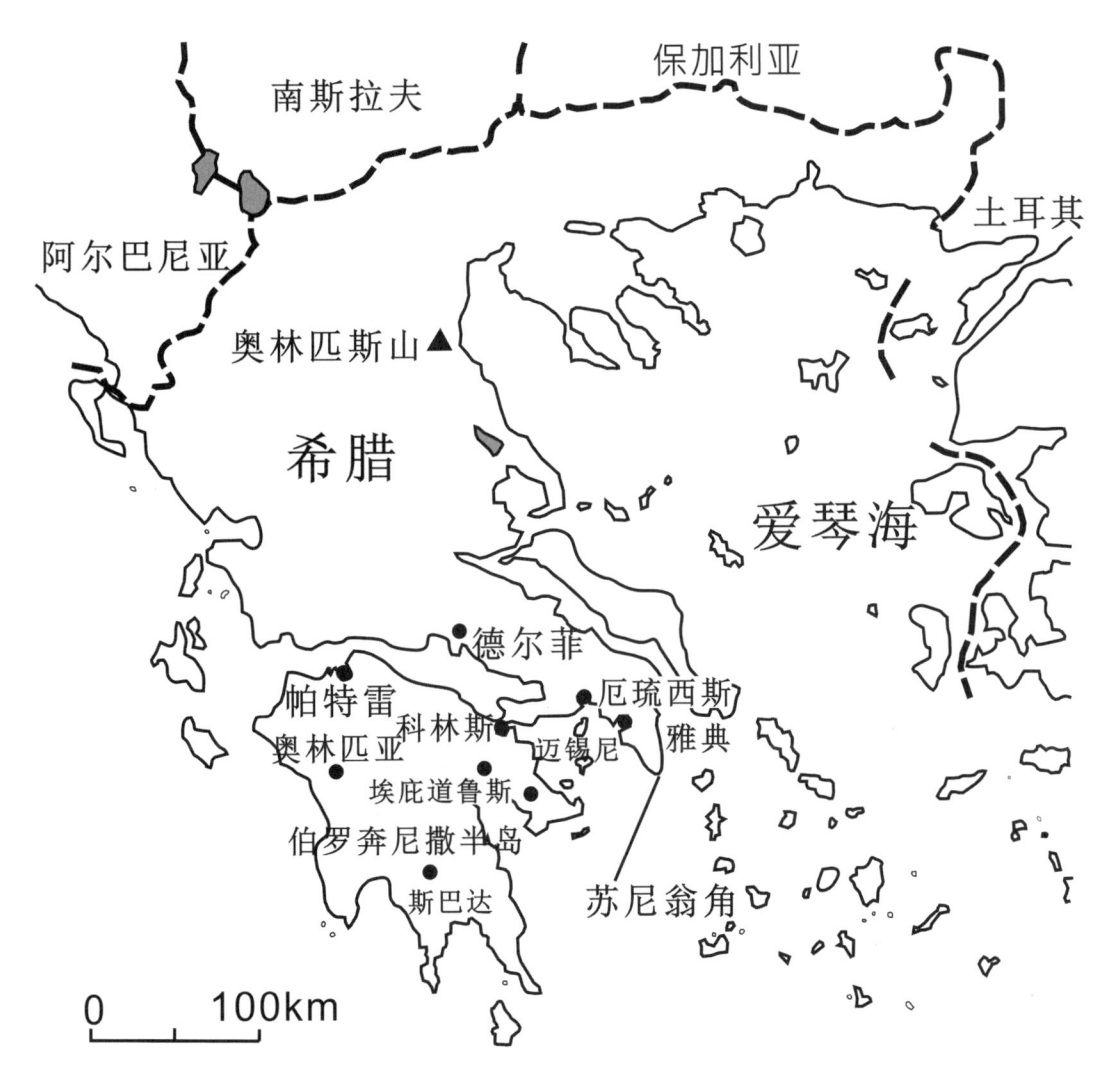

爱琴海古希腊地图

那就是在到达地面之前,绝对不可以回头看欧律狄刻的样子。俄耳甫斯欣喜地踏上了归途。可是在回去的路上,他越来越怀疑欧律狄刻是否真的在他身后,终于忍不住回头看了妻子一眼。结果按照约定,欧律狄刻立刻被带回了哈得斯的府邸,俄耳甫斯不得不一人返回地面。

关于这段传说,无论是谁都能马上意识到它和日本神话中的伊邪那岐访问黄泉之国的传说实在是太相似了。伊邪那岐也是为了救活猝死的妻子伊邪那美而踏上了前往黄泉之国的远途。他也因为不能严守不可在黄泉之国目睹妻子容貌的约定,看到了已成腐尸状态的伊邪那美,最终不得不把妻子留在冥府,只身返回地上。

神话的考古学 | 117

用音乐安抚住了动物们的俄耳甫斯，巴勒莫出土，意大利巴勒莫国立考古博物馆藏

二、因为吃了死者之国的食物而成为冥府女主人的珀耳塞福涅与伊邪那美

关于伊邪那岐访问黄泉之国的故事中，还有和希腊神话中这段著名传说非常相似的事件。据《古事记》记载，当伊邪那岐来到黄泉之国的时候，出来迎接他的伊邪那美曾经遗憾地说："悔哉，不速来。吾者为黄泉户食。"也就是说，伊邪那美这个时候已经吃下死者之国的食物了。就因为这样，她和伊邪那岐一同返回地面的事情才会变得异常困难。

即使如此，伊邪那美还是说服了黄泉之国的众神答应自己可以和伊邪那岐一同返回地面。同时她还告诉伊邪那岐在这期间绝对不可以看她的样子。说完之后，她进入御殿之中。可是伊邪那岐因为没有严守这个约定而尾随进入了御殿，目睹了已成死骸的伊邪那美那副凄惨的模样，最终不得不一人返回地面。

希腊神话中死者之国的女王珀耳塞福涅，之前在俄耳甫斯的传说中已经登场，此前她一直跟随自己的母亲——农业女神德墨忒耳快乐地生

上图　端坐在王位上君临死者之国的冥王哈得斯与其王后珀耳塞福涅，意大利吉奥国立博物馆

下图　冥府宫殿中的哈得斯与珀耳塞福涅，意大利南部卡诺扎出土的陶罐碎片，德国慕尼黑考古博物馆藏

神话的考古学 | 119

活在地面上。然而有一天当她在野外采花的时候，冥王哈得斯突然乘着黄金的马车从裂开的地面上飞驰而出，强行将她带回冥界做自己的王后。为此而大怒的德墨忒耳毅然离开了众神，人间因此陷入了大饥荒之中。为此而困扰的宙斯命令哈得斯将珀耳塞福涅归还给德墨忒耳。然而就在珀耳塞福涅即将离开冥府之时，哈得斯给她吃了一粒冥界的石榴子。因此珀耳塞福涅与冥府的缘分变得无法切断，也不得不与哈得斯结婚而成为冥界的女王。

我们可以发现，日本神话与希腊神话中都有原本生活在地上的女神，因为来到了冥府并且吃下了那里的食物而不得不成为冥界女支配者的传说。

掠夺珀耳塞福涅，姜·洛伦佐·贝尔尼尼作，意大利博格斯美术馆藏

三、暴露女性性器官而平息女神愤怒的巴玻与天宇受卖命

实际上，德墨忒耳与珀耳塞福涅的神话中还有下面这样一个奇妙的插曲。

因爱女被哈得斯掳走而愤怒的德墨忒耳离开了众神，来到了位于阿卡狄亚的厄琉西斯，并且访问了该地的国王凯莱奥斯。凯莱奥斯的王妃墨塔涅拉想热情地款待这位女神，于是在女神面前摆上了各种各样的美食。可是因为女儿被掳走的悲伤，女神紧闭自己的嘴，无论被问到什么均不作答，也不食一粒饭饮一滴水。一名叫巴玻的机灵的侍女看到了这个情况，在女神面前讲了很多可笑的笑话，做了很多滑稽的举动，最后还将自己的生殖器完全暴露给女神看。女神忍俊不禁，终于笑了出来，停止了绝食，吃了被称作"丘开翁"（Kykeōn）[①]的粥。

与此十分类似的故事也出现在日本有关天之岩屋的传说之中。这就是众所周知的，太阳女神天照大神被建速须佐之男命的暴行激怒，隐藏到岩屋中，从而给世界带来无尽黑暗，为了将太阳女神天照大神从岩屋中呼唤出来，名叫天宇受卖命的女神一边跳舞，一边将自己的乳房和生殖器暴露出来，从而引发八百万神哄堂大笑的

上图 丰饶女神德墨忒耳，科尼多斯出土，大英博物馆藏

下图 厄琉西斯的圣域。传说德墨忒耳曾在这里命令凯莱奥斯为自己建造神殿，并在此处传授给信众一项必须每年都要举行的专门祭祀自己和珀耳塞福涅的秘密仪式。人们相信凡是参加这一秘密仪式的信徒死后都能在珀耳塞福涅所统治的世界获得幸福。图片中央就是举行这一秘密仪式的神庙

[①] 希腊文κῠκεών，一种用奶酪、大麦粉、蜂蜜和酒搅拌而成的混合型饮品。——译注

神话的考古学 | 121

厄琉西斯的巨型石雕，将麦穗授予特里普托勒摩斯的德墨忒耳（左）与珀耳塞福涅（右），希腊雅典国立考古美术馆

传说。

无论是天照大神还是德墨忒耳都是因为受到了无理的暴行而被激怒，离开了众神隐藏起来，从而使世界陷入了混乱状态。两个神话都讲述了为了平息女神的愤怒，通过暴露女性生殖器而使看到的女神忍俊不禁的滑稽故事。而且，日本神话中激怒天照大神的建速须佐之男命正是天照大神的弟弟，而希腊神话中掳走珀耳塞福涅而将德墨忒耳激怒的哈得斯也正是德墨忒耳的弟弟。

四、受到马匹侵辱而愤怒的德墨忒耳与天照大神

在伯罗奔尼撒半岛中央的阿卡狄亚地区，关于德墨忒耳的神话有如下的一则传说。

某次，德墨忒耳游历世界中途来到阿卡狄亚，注意到弟弟海神波塞冬因为情欲高涨而紧紧尾随在自己身后。女神急中生智变成了一匹母马混入了正在附近吃草的马群中，想以此来蒙蔽弟弟的眼睛。不料波塞冬识破了女神的变化，自己化身为一匹公马，侵辱了化身为母马的德墨忒耳。因为这次凌辱而愤怒的德墨忒耳身披黑衣藏身于叫作厄莱伊（Eraion）的山中。为此世界陷

位于阿卡狄亚最南端苏尼翁角的波塞冬神殿

神话的考古学 | 123

受人敬畏的海神，同时也是地震之神的波塞冬，意大利巴勒莫国立考古博物馆藏

入了饥荒之中，给人类及众神都带来了极大的困扰。终于，宙斯通过居住在阿卡狄亚的潘神的报告，得知女神的藏身之处。随后宙斯派出命运女神摩伊拉去说服德墨忒耳。女神终于从岩屋中出来，并且承诺让世界再次获得生机。

在阿卡狄亚的神话传说之中，德墨忒耳因受到弟弟的侵辱而愤怒，和天照大神一样，都藏身于岩屋之中而使众神为之困扰。波塞冬对德墨忒耳所犯暴行的这个传说，与因建速须佐之男命的暴行而藏身于岩屋的天照大神的传说有着惊人的相似之处。根据《古事记》记载，建速须佐之男命将正在编制神衣的天照大神的屋顶掀开，将剥了皮的马扔了进去。目睹这一惨状而过于惊愕的纺织女神天之服织女被自己手中的梭子刺中生殖器而亡。为此而万分生气的天照大神将自己关在了天之岩屋中。也就是说，无论是建速须佐之男命还是波塞冬，都是通过马匹侵辱了女性生殖器而使身为姐姐的女神愤怒并隐身于岩屋之中。

《日本书纪》中是如下记载建速须佐之男命将剥了皮的马扔进天照大神用来纺织的神殿中的："又见天照大神，方织神衣，居住忌服殿，则扒天马驹，穿殿瓦而投纳。是时天照大神惊动，以梭伤身。由此发怒，乃入于天石窟，闭磐户而幽居焉。"也就是说在这个故事中，建速须佐之男命实施暴行的结果是使天照大神自身被梭子击中而受伤。这个传说比《古事记》中所载更加接近阿卡狄亚地区关于德墨忒耳的神话。在上述阿卡狄亚的神话传说中，变身为母马的德墨忒耳因波塞冬的侵辱而怀孕，并最终产下了一对双胞胎神明即一位女神和一匹神马。这也与天照大神因建速须佐之男命而生产孩子的故事有着惊人的相似。天照大神和建速须佐之男命互相交换了所持之物，首先天照大神因建速须佐之男命所佩之剑生下了三位女神，接下来建速须佐之男命因天照大神所佩之曲玉而生下了五位男神。这些男神因天照大神所持之物而生，所以被认为是她的儿子。其中的一人就是被尊为日本皇室先祖的天之忍穗耳命。正因如此，天照大神既保留了自己纯洁的处女之身又做了母亲，才能成为天皇家的祖母神。

可是也是因为如此而与建速须佐之男命生了孩子，天照大神变得异常愤怒，与弟神从此对立了起来。阿卡狄亚的神话中，德墨忒耳也是因为受到了波塞冬的凌辱而过于愤怒，化身为满头皆为毒蛇的恐怖的复仇女神厄里倪斯（Erinyes）。

五、因爱生恨而被野猪杀死的大国主命与阿多尼斯

从关于大国主命的神话传说中也能发现与希腊神话之间显著的类似。传说大国主命曾经被坏心眼的兄弟八十众神两度杀害，每次均因得到母亲刺国若姬女神的帮助才得以复活。《古事记》中是如下记载大国主命第一次死亡的故事的：

听到这些，八十众神十分愤怒，共同商议如何杀死大穴牟迟（大国主神的别名）。他们来到伯岐国名叫手间的山脚下，对大穴牟迟说："此山有赤色野猪，吾等上山追赶，汝务必将其捕获。若未能捕获，吾等必取汝命。"说罢将一块形似野猪的巨石烧红，然后推落下山。大穴牟迟在追赶时，被巨石烧成重伤而死。

据《古事记》，八十众神之所以要这样将大国主命杀死，是因为被大国主命抢走了恋人。某次八十众神让大国主命担着巨大的袋子随自己去向居住在稻羽的女神八上媛求婚。可是八上媛却对他们说："我不愿意听你们的话，我

要嫁给大穴牟迟。"八上媛最终选择了大国主命作为自己的丈夫。因此生气的八十众神让大国主命随自己一同去狩猎野猪,却将一块酷似野猪的烧红的巨石投向了大国主命,将其烧死了。

在希腊的阿多尼斯神话中也可以发现与上面十分相似的传说,因为阿多尼斯也是在狩猎中被野猪杀死。不过传说那头野猪是战神阿瑞斯放出来的,因为自古以来阿瑞斯与美神就是恋人关系,而阿多尼斯抢走了阿芙洛狄忒,阿瑞斯因此对他心生仇恨,甚至有传说认为那头野猪就是阿瑞斯自己变化而成的。

大国主命刚刚死去,母亲刺国若姬就哭着升天而去,找到了住在高天原的神产巢日神哭诉:"无论如何希望您能救救我儿子的性命。"于是神产巢日神将赤贝女神蚶贝媛与蛤女神蛤贝媛派往地面为大国主命治疗火伤,多亏如此,大国主命才得以生还。可是知道了情况的八十众神又将大国主命杀死了。这件事在《古事记》中是如是记载的:"于是八十众神见,且欺率入山,切伏大树,茹矢打立其木,令入其中,即打离其冰目矢而拷杀也。"也就是说,大国主命这次是被封在大树中压死的。可是这次刺国若姬还是哭泣着寻找她的儿子,找到大国主命之后将其从大树折断处取出,并使其复活。

像这样被女神从树木中取出来的桥段,大国主命与阿多尼斯就十分相似。因为阿多尼斯的母亲米拉是在怀上了他之后就立刻变身为没药树。因此阿多尼斯是在树干中成长,十个月之后才被破杆取出,并由阿芙洛狄忒接走,受到了她的保护与宠爱。阿芙洛狄忒既是阿多尼斯的爱人,同时也充当了代替他的生母而将他养育的母神。这二者间的关系同大国主命与刺国若姬之间极为亲密的母子关系有相似点。

阿芙洛狄忒与她的情人战神阿瑞斯,庞贝壁画,意大利拿波里国立美术馆藏

蹲坐的阿芙洛狄忒，意大利罗马国立美术馆藏

六、美男子阿多尼斯与大国主命的死与复活

因为阿多尼斯是绝世的美男子，阿芙洛狄忒特别害怕地上的其他女神目睹他的美貌，于是将刚出生的阿多尼斯藏在箱子之中，并将这只箱子交由冥府的女王珀耳塞福涅代管。可是当珀耳塞福涅看到箱中的阿多尼斯之后，也对他很迷恋。无论阿芙洛狄忒如何要求，她都不肯归还阿多尼斯。两位女神之间的争执最终交由宙斯来裁定。其结果是阿多尼斯一年中的三分之一时间陪珀耳塞福涅在冥府度过，三分之一时间陪阿芙洛狄忒在地上度过，余下的三分之一时间可以自由支配。不过据说他选择将余下的时间也用来同阿芙洛狄忒一同度过。

也就是说，阿多尼斯被从树干中取出来之后，就马上由母神般存在的神送往地下的世界，并使得地下的女神陷入爱恋的陷阱。从这点来讲，阿多尼斯与大国主命之间是极其相似的。因为大国主命也是被从大树中取出复活之后，就由刺国若姬送到了建速须佐之男命位于地下的根之国。可是当他一到达建速须佐之男命的居所，出来迎接他的建速须佐之男命的女儿须势理媛就对他一见倾心，当场和他订下了互为夫妇的契约。关于这件事，《古事记》是如下记载的：

于是按照诏命，大国主命来到建速须佐之男命的御所前，出来相迎的建速须佐之男命的女儿须势理媛对其一见倾心，返回家中对父亲说道：来了一位美貌的神。

无论是大国主命还是阿多尼斯都是非常

上图　美神阿芙洛狄忒，希腊罗德斯美术馆藏

下图　痛失阿多尼斯的阿芙洛狄忒一边失声大哭，一边将神酒捏塔尔洒在情人的血迹上，据说因此诞生了血红色的秋牡丹

宙斯（中）正在裁定因为争夺阿多尼斯产生纠纷的阿芙洛狄忒（右）与珀耳塞福涅（左），意大利拿波里国立美术馆藏

美的男子，使得初见其容的女神不得不落入爱恋中。两者不断落入冥府，又返回大地，死亡之后又再度复活的重复也是极其相似的。

第二章　黄金的骑马民族，斯基泰人的活跃

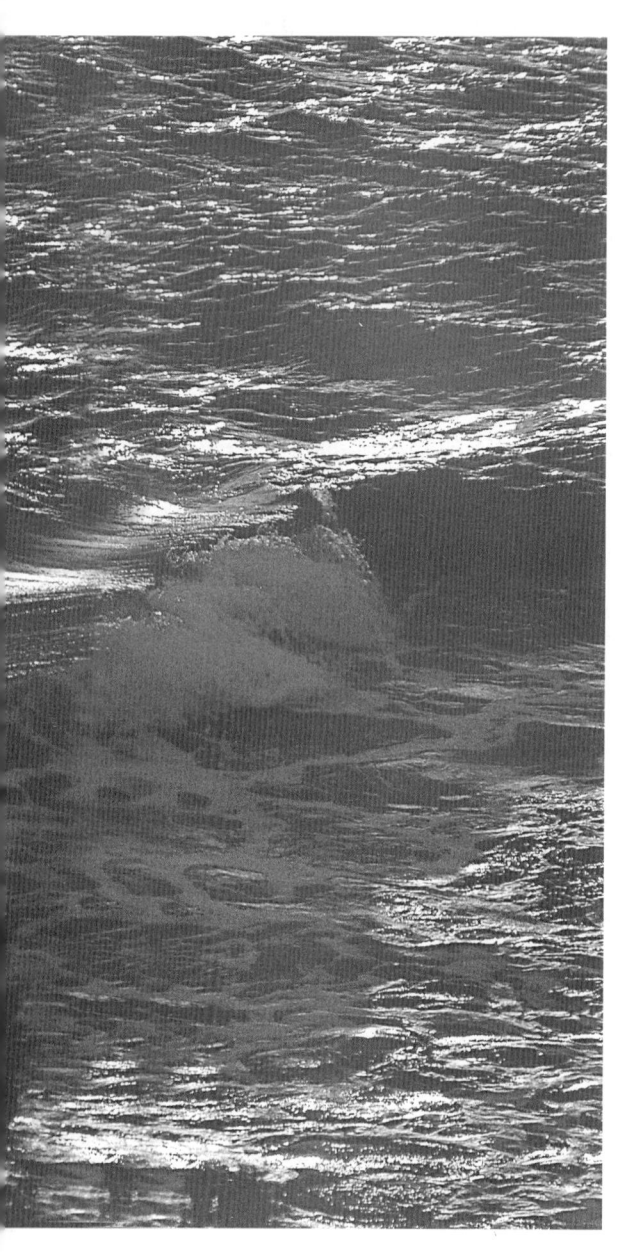

有观点认为，希腊神话的影响，是通过作为黄金的骑马民族而名声大噪的斯基泰人而被带到遥远的日本来的。因为以建设在黑海沿岸的希腊都市为媒介，斯基泰人得以与希腊人产生密切的交往，并由此接受了希腊文化强烈的影响。并且通过百济和新罗的皇家墓地中已经出土的具有斯基泰特征的黄金制品，我们得以确认，这种斯基泰文化的强烈影响甚至在日本的古坟时期就强烈地波及朝鲜半岛的南部地区。就像在《古事记》或《日本书纪》中看到的那样，天皇家族王权神话形成的时代正是古坟时代，而当时的日本不必多说自然是受到了朝鲜强烈影响的。

一、诞生于天神与水神女儿联姻的斯基泰与日本的王室

斯基泰人一直没有自己的文字，因此他们的大部分神话并没有被文字记录下来，而是永远地遗失了。不过，其中一些虽然短小却明显十分重要的神话片段经由希腊历史学家希罗多德的记录而得以传达给今

斯基泰人的骑马传统至今仍被亚洲内部的游牧民族所继承。图为阿富汗境内

天的我们。

　　据传说斯基泰人的始祖塔尔吉陶斯是由住在天上的神帕帕伊奥斯与第聂伯河的河神之女所生。塔尔吉陶斯有三个儿子：里波库萨伊斯、阿尔波库萨伊斯以及克拉库萨伊斯。他们一起支配着斯基泰人的国家。一天，黄金制的物品从天而降，据说是安着轭的犁具、战争时期使用的斧头及酒杯。

　　看到这些，首先是大哥里波库萨伊斯想走近取得，可是黄金物品燃烧起来，使他无法靠近。当二哥阿尔波库萨伊斯试图接近的时候，同样的事情再次发生了。然而当最后的克拉库萨伊斯接近时，燃到旺盛的火却突然熄灭了，他毫不费力

神话的考古学 | 131

就将宝物带回。见到如此奇迹的二位兄长也承认弟弟为自己的国王。最终克拉库萨伊斯成为斯基泰人的王族，帕拉拉泰氏族的祖先。

我们能够发现，斯基泰民族及其王室起源的神话中有很多与日本皇室的起源神话相类似。首先，身为天神并降到地上的日本皇室的祖先们，迩迩艺命、火远理命、鸬鹚草葺不合尊三代都居住在日向，其中的火远理命与海神的女儿丰玉毗卖结婚，而夫妇二人所生的鸬鹚草葺不合尊亦同母亲丰玉毗卖的妹妹玉依姬结婚。而且传说这二人结婚所生的四个儿子中的小儿子就是日后成为初代天皇的神武天皇。也就是说，无论是斯基泰人的王室还是日本的皇室，在神话中都认为他们起源于天神与水神女儿的联姻。

二、斯基泰与日本王室拥有的三种神器

由希罗多德所流传的斯基泰人的神话中，传说从天而降的三件黄金物品，通过不可思议的方式到了王室的祖先克拉库萨伊斯的手中。而且希罗多德还记载，这些物品不仅存在于克拉库萨伊斯的时代，实际上代代相传于斯基泰人的王室中。据传，历代国王都无比珍视这些黄金器物，就像敬祭天神一般每年都要向它们奉献盛大的祭品。这与如同对待天神般恭敬相传、由日本皇室的祖先天日高日子接受的从天而降的三种神器是极其相似的。

斯基泰人王室的宝物中，犁与轭合起来的农具是生产粮食的工具，斧则是斯基泰战士使用的武器，而酒杯是宗教仪式上不可缺少的祭具。而在伊朗人的宗教中，供奉倒入酒杯中的被称为哈奥玛的神圣的饮料是非常重要的礼仪。斯基泰人正是伊朗人的一支。由斯基泰王室墓地出土物品可以确定，曾经进行过在大女神的面前用酒杯将被认为是哈奥

上图　金饰物，刻画了希腊女神雅典娜

中图　金银合金的瓶子，刻画了战斗后的斯基泰勇士

下图　金饰物，刻画了在大女神面前喝下神圣饮料的国王

132 ｜ 日本神话的考古学

金梳子，装饰画面是战斗中的斯基泰人，苏罗卡古墓出土，俄罗斯赫尔米达什美术馆藏

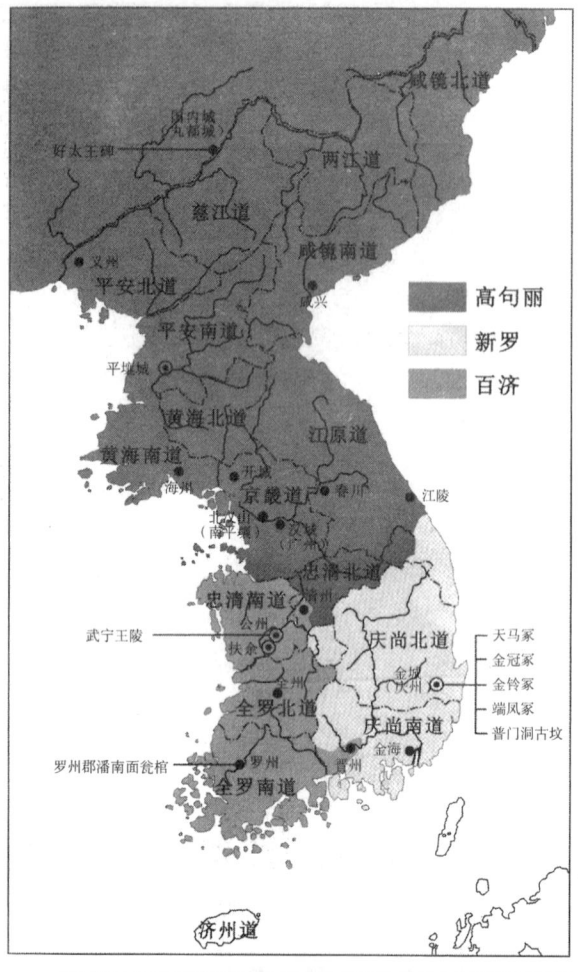

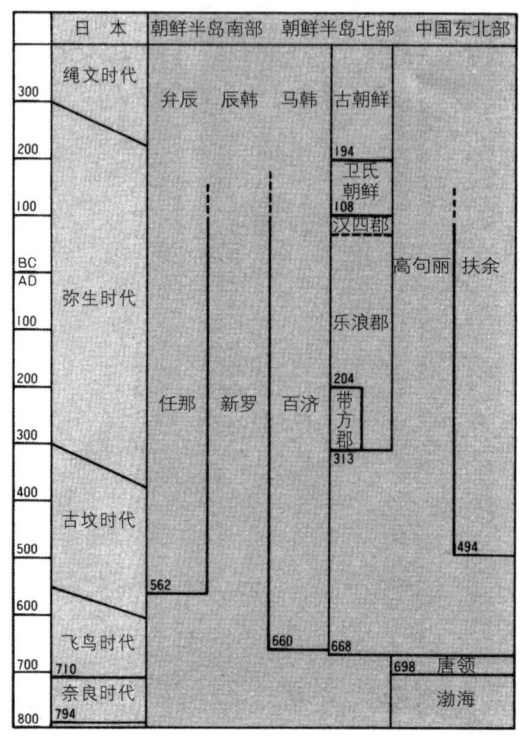

玛的饮料喝掉的仪式。也就是说，斯基泰王室的宝物分别代表的是人类社会不可缺少的三种功能，即粮食生产、战斗、宗教及神圣的王权。这和日本神话中被赋予意义的三种神器十分吻合。神器之一的草薙剑正是武器。而镜子正如《古事记》中天照大神命令迩迩艺命时所言"此镜如吾之御魂，尔等必要如拜祭吾般供奉之"一样，大女神的御魂神体位居神道祭祀的中心，是独一无二的。关于曲玉，《古事记》记载它虽是天照大神所佩戴的项链，实际上是一位叫作御仓板举的神。所谓的"御仓板举"，就是要放入仓库中的水稻种子的意思。也就是说，我们可以认为日本皇室的神器原本也都具有镜子代表宗教与王权、剑代表战斗、玉代表以大米为首的粮食生产这样组合在一起的意义的。

三、高句丽神话中也能发现斯基泰神话的影响

据古代朝鲜的一个国家高句丽的神话传说，这个国家第一位王东明王朱蒙的母亲，正是清河河神的女儿，名为柳花的女神。作为天帝的太子，被父神命令来到地上的神解慕漱将女神抓获，并将其带回河神的宫殿，从河神那里接受她为妻子。柳花最终生活在地上，传说在扶余国的王宫生下

上图 朝鲜三国时代的古坟文化
下图 日本、朝鲜王朝比较年表

金制耳饰，百济武宁王陵出土

金制头饰，百济武宁王陵出土

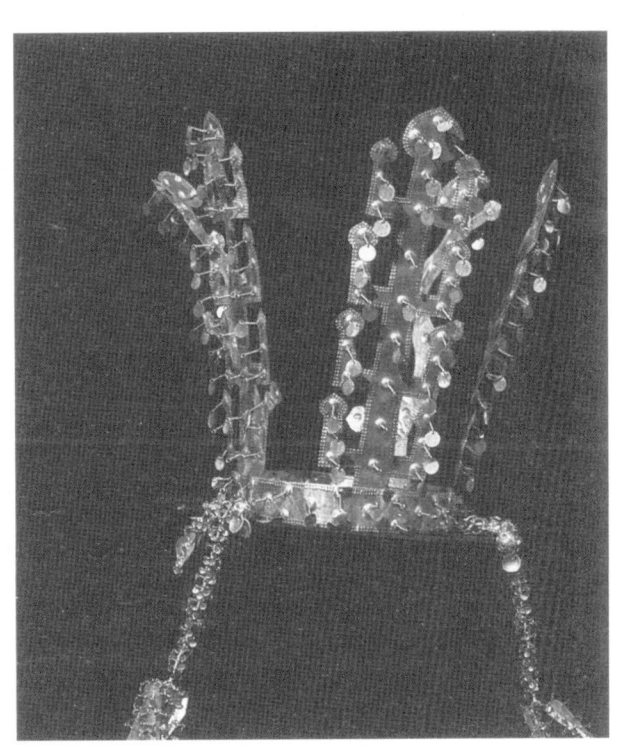

金制王冠，新罗天马冢出土

了朱蒙。总之和斯基泰与日本的王室同样，高句丽王室也借由神话来阐明自身起源于天神与水神女儿的联姻。

高句丽的传说在这之上更出现了与斯基泰王室、日本皇室的神器类似的宝物传说。第一代的东明王某次感叹因为国家才刚刚建立，没有办法用吹奏鼓角这样符合国王礼仪的方式来送迎使者，难免受到邻国的侮辱。听到感叹的三个下人就来到了邻国沸流，巧妙地盗走了沸流国王的宝物——鼓角，并将其献给了东明王。第二代国王瑠璃明王类利出生在扶余。原因是他的母亲嫁给了当时身在扶余的朱蒙，在丈夫留下她离开扶余之后，她才生下了类利。类利长大后，母亲告诉他，朱蒙离开扶余的时候，为了出生的儿子，在生长于七个角的石头上的松树下藏了宝贝。如果能够找到那宝物，也就可以承认他是自己的儿子。于是类利四处寻找，最终在自己家七角土台石和松树柱之间找到了隐藏起来的半支剑。类利拿着它去找在高句丽的父亲。因为这半支剑与东明王所持的另外半支剑正好合为一整支，所以类利被承认是父亲的后继者。第三代国王大武神王得到了不可思议的鼎。传说那鼎不用火就能自然变热，做的饭能够让一军的士兵都吃饱。

四、关于三种神器所代表的理想的王权的想法

据高句丽的传说，国家最初的三代国王每个人都得到了一件具有重要意义的宝物：第一代东明王得到的宝物是能够使符合国王的仪式成为可能的用具，第二代瑠璃明王得到的是武器，第三代大武神王得到的是能够自然地产生取之不尽的食物的粮食生产用具。总而言之，通过下表可以清楚地看到，这些宝物所具有的意义和斯基泰王所持有的黄金宝物、日本皇室的神器都是一致的。

	王权与宗教	战斗	粮食生产
斯基泰	酒杯	斧头	耕具
高句丽	鼓角	剑	鼎
日本	镜子	剑	曲玉

这些宝物所代表的三个功能，哪一个都是人类社会所不能欠缺的。统治社会的国王当然不能不具备有效行使这三个功能的能力。这一能力借由成为三种功能源泉的宝物这一形式而第一次成为理想的、完全的事物。通过上面的表格，我们可以读取斯基泰、高句丽、日本之间曾经共存的关于理想的王权的思考方式。这种想法与其他神话的影响一同从斯基泰经由朝鲜半岛而传播到了古坟时代的日本。这明确地被当时正在逐步形成的日本皇室的王权神话吸收了。

土耳其伊斯坦布尔,希腊时代名为拜占庭,曾繁荣一时

黑海沿岸的古希腊殖民城市

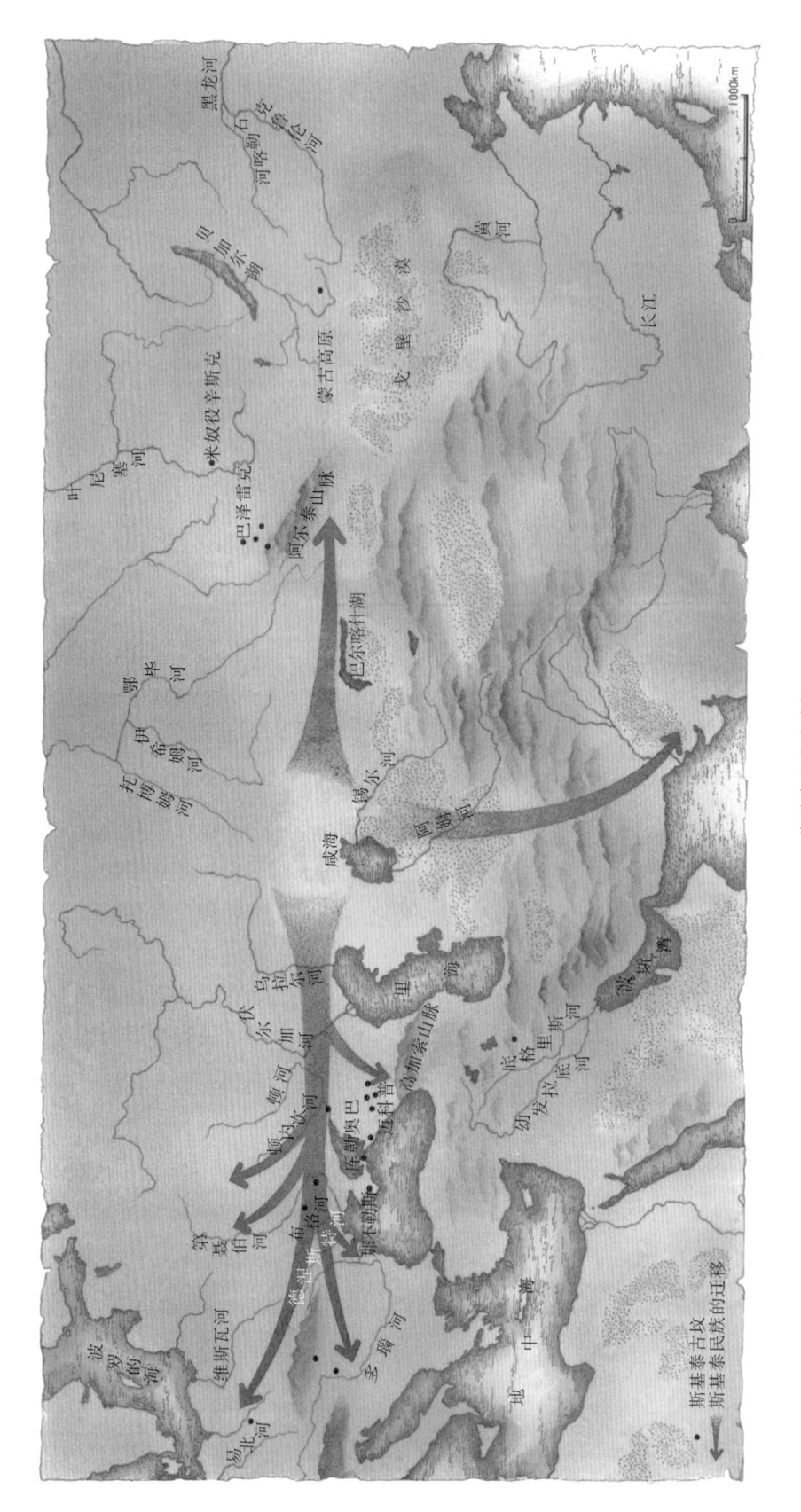

斯基泰文化的传播

五、希腊、高句丽、日本共通的母神崇拜

在高句丽被视为第一代国王的母亲,作为王室祖母神而受到崇拜的女神柳花,在很多地方与希腊神话中的德墨忒耳、日本的天照大神有相似之处。首先,很符合她作为河神女儿的身份,她被祭祀在都城东方水边的石窟中。据传,神话中受到波塞冬凌辱而发怒躲进厄莱伊山上石窟中的德墨忒耳也是由在石窟深处所雕刻的木像来被祭祀的。之后怒气有所平息,从石窟中出来的她据说曾在附近流淌的拉顿河中洗澡。而表现正在沐浴的姿态的神像也祭祀在别的神庙中。天照大神在神话中也躲进了石窟中,而在此之前对她的祭祀是由八百万神明进行的。并且她在天之安河原与建速须佐之男

天之安河原。据说此地就是因为天照大神藏身于石窟中而聚集了八百万神明之地。日本宫崎县高千穗町

命交换所持信物而生子,在此也屡屡将天神们集合起来,等等,让我们也看到了她与河流的密切关联。

高句丽神话中,当朱蒙将要离开扶余而去建立高句丽时,柳花将包好的五谷的种子交给他,这与德墨忒耳将小麦的种子交由如同自己的孩子一样的叫作特里普托勒摩斯的年轻人,并命令他将作物播撒于大地上的传说有相似之处。关于天照大神,《日本书纪》中也有非常类似的传说的记载:天照大神即将派遣自己的儿子天之忍穗耳命离开高天原去地上时,对他说:"将吾于高天原食用之稻穗交付与吾儿。"之后将水稻种子交给了他。希腊神话的影响果然还是通过朝鲜半岛传播到了日本。所以在这三地作为地母神而被崇拜的女神们之间,可以找出如此相似之处。

神话的考古学 | 139

上图　日本高千穗之地，即使在现代依然继承了很多相关神话的传统，夜神乐正是其中之一
下图　日本高千穗的夜神乐，以岩屋神话为中心，每年的11月至次年2月间举行

大力神天之手力雄之舞

六、斯基泰神话中也能看到的被马匹侵辱的女神的传说

居住在高加索地区的奥赛梯人，至今仍在使用由斯基泰语变化而来的语言。他们也口传下来了丰富的叙事诗传说，并且这些传说中登场的英雄的举动与希罗多德所记载的斯基泰人的习俗有着惊人的一致。例如将杀死的敌人的头皮剥掉，将之缝合成外套这样特别异常之处。也就是说，通过这则神话我们可以想象，在这样的习俗还上演的时代，斯基泰人就已经拥有的神话，即使变化为了今天的英雄传说，还是保留下来了很多。通过奥赛梯传说，我们可以确定斯基泰人曾经拥有过受到希腊神话强烈影响的神话传说，并将之传播到了朝鲜和日本。

在奥赛梯传说中，可以看到以住在黑海海底的水神冬贝特鲁的女儿——美女泽拉塞为主人公的故事很怪异。在她还活着的某一天，一个总是骑着三条腿的悍马、在空中到处乱跑的叫作瓦苏特鲁吉的粗鲁的精灵向她求婚。泽拉塞假装同意，让精灵空等了一场，自己逃回了海底父亲的宫殿中。因而当她死掉被埋葬的第三天夜里，瓦苏特鲁吉进入她的

上图　俄罗斯高加索地区，纺线的老妪
下图　俄罗斯高加索地区的牧场

142 ｜ 日本神话的考古学

遥望高加索山脉

墓中，首先是自己侵辱了爱人的尸体，并且让自己的坐骑也侵辱了尸体。受到了这样双重凌辱而怀孕的泽拉塞的尸体，一年后生出了一名叫作萨塔娜的拥有不可思议力量的美女和一匹叫作杜杜的非常出色的名马。

这则传说与之前天之岩屋神话章节中我们已经关注过的阿卡狄亚的德墨忒耳的神话实在是惊人的相似。受到变身为马的波塞冬的侵辱对德墨忒耳而言，也就是同时受到了男神与马的暴行。并且就如同我们已经看到的那样，她因为这样的凌辱而生下了作为双胞胎的女孩与马。

七、与奥赛梯传说相似的日本神话和高句丽神话

据说泽拉塞与名叫埃库塞鲁特古的英雄经历了下述事件而结婚了。

埃库塞鲁特古某夜和双胞胎哥哥埃库萨鲁一同看护能治愈百病的不可思议的苹果树。结果飞来三

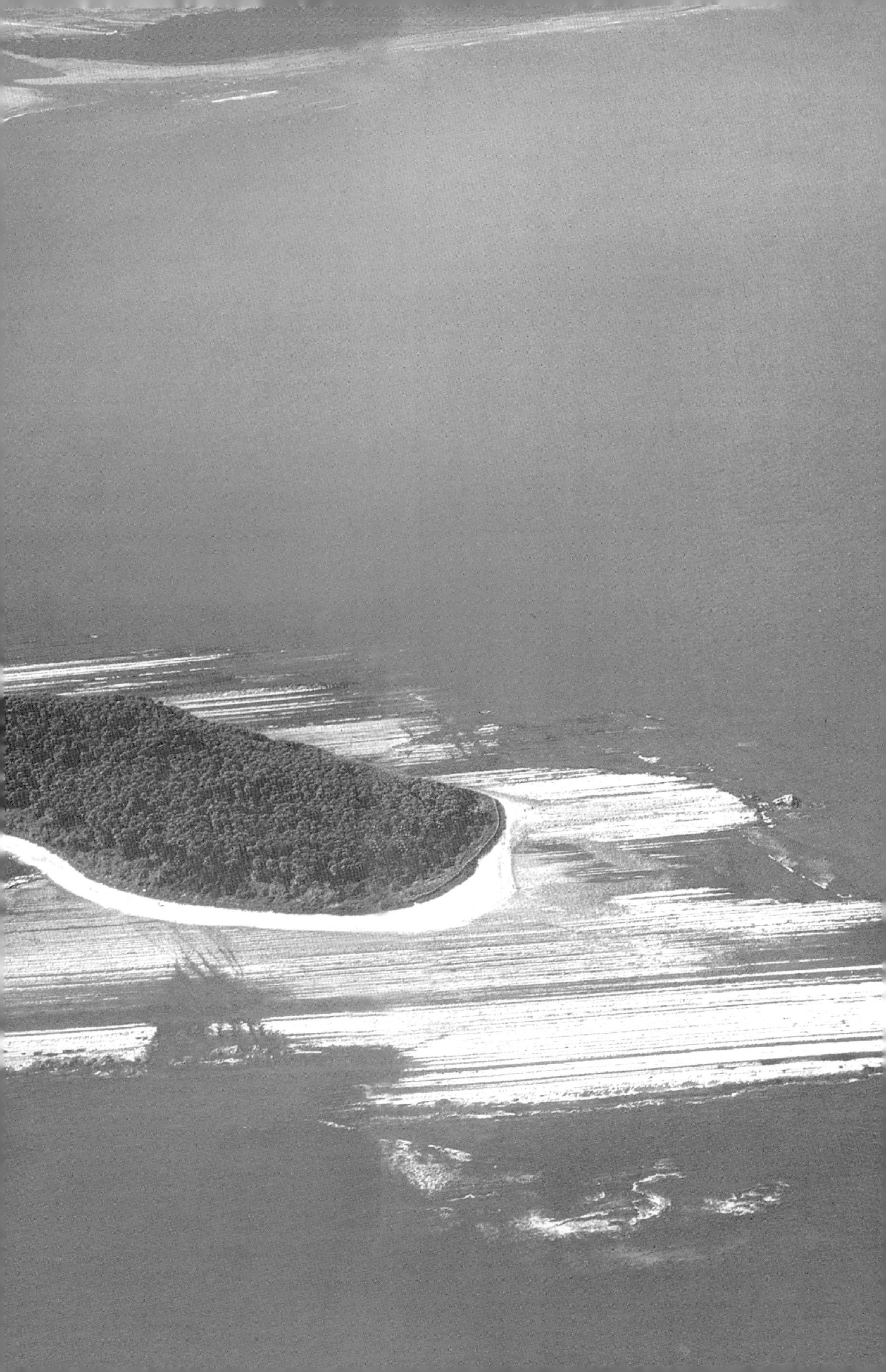

只鸽子欲夺取果实，埃库塞鲁特古是连飞鸟都能射落的射箭能手，他立刻射中了其中的一只。不过那鸽子将血滴落在地上，逃跑了。他将血液收集在绢上，与哥哥一起循迹而去，结果到了海岸就没有前路了。他将哥哥留在岸上，自己跑到海底去探究竟。结果发现泽拉塞正在海神冬贝特鲁辉煌的宫殿中为箭伤而痛苦。埃库塞鲁特古将带来的血液吹向泽拉塞，伤口马上就愈合了。二人结婚并一直在海底幸福地生活着。可是埃库塞鲁特古想起了哥哥，就向泽拉塞说明了原委，和妻子一同回到地上探访。因为兄弟二人长得十分相像，连泽拉塞也分辨不出，结果产生了不该有的误解。因为臆想妻子最终会被哥哥凌辱，埃库塞鲁特古将哥哥刺死。当发现这只是误解后，他用那把杀掉哥哥的剑自杀了。

这个时候已经怀孕了的泽拉塞虽然一度返回了海底，不过等到分娩的时候还是来到陆地上，在亡

上图　隼人盾。据说被山彦幸（火远理命）征服后，发誓效忠成为其护卫的海彦幸（火照命）就是隼人族的祖先。而盾上的图案正是来源于海幸彦·山幸彦神话中的鱼钩形象。这与在大尝祭中隼人舞中的盾牌一样。图为日本平城宫出土的复原模型，日本奈良国立文化财产研究所许可

中、下图　日本鹈户神宫，祭祀的是火远理命与丰玉毗卖之子皇子鸬鹚草茸不合尊

日本鹿儿岛县隼人町被认为是隼人族的中心地。图为隼人冢

夫家的家畜棚中生下了双胞胎男孩。就这样出现了奥赛梯传说中大部分英雄的埃库塞鲁特卡特家族诞生了。

这一传说实际上在很多地方都与火远理命和丰玉毗卖的传说十分相似。火远理命原来就是山幸彦，也就是非常善于弓猎的能手，他为了追寻逃跑的猎物而来到了海底，最终和海神的女儿结婚。并且也是在海底生活了一段时间之后，想到了双胞胎哥哥而回到了地上，和哥哥爆发了激烈的冲突。由他和丰玉毗卖的婚姻而诞生了天皇家族的传说也和奥赛梯传说中的英雄之家的起源相似。通过这则奥赛梯传说我们也可以推定，成为它基础的斯基泰神话和日本皇室的起源神话拥有十分相似的内容。

我们还可以看到关于泽拉塞的传说中有许多和高句丽神话也很类似的地方。

朱蒙从母神柳花那儿接受了五谷的种子，出发去建立高句丽的时候，由于与母亲分别悲伤过度而将小麦的种子遗忘了。旅途中，当他在一棵大树下休息时，飞来两只鸽子。他想：这一定是母亲派来送小麦种子的。于是用一支箭将两只鸽子射落，割开喉咙一看，小麦的种子确实在。据说之后朱蒙给两只鸽子喷了一口水，它们复活了，很有生气地飞回去了。

这个传说与埃库塞鲁特古射落变身为鸽子的泽拉塞，又为其疗伤的传说极其相似。就与埃库塞鲁特古是非常出色的弓箭手一样，朱蒙在还是个婴儿的时候，就可以将旋转的丝车上的苍蝇射落，而"朱蒙"这个名字最初在扶余语中就是"擅长弓箭"的意思。无论在哪个传说中，这样的射箭高手在树下的时候都飞来了鸽子。鸽子在一方的传说中是河神女儿柳花派遣来的，在另一方的传说中是水界之主的女儿泽拉塞的变身。无论在哪个传说中，身为弓箭高手的英雄都用箭将鸽子射中，而在这之后，一方是将水，另一方是将血喷向鸽子，将其完全治愈的。

变身为奥赛梯传说而得以保存的斯基泰神话，果然还是对朝鲜产生了强烈的影响。这样考虑的话，也就能解释高句丽神话与奥赛梯传说间的相似之处了。

第三章　在绳文时代能够看到的农作物起源神话

　　日本神话里，被杀死的神的尸体各部位中长出五谷，这是关于农业起源的神话。按照热带原始的耕作，在栽培薯类和果树的人们之间也可以发现这个相似的神话。在新几内亚，为了重复神话中的事件，会进行将人或动物杀掉，将尸体的碎片或血液播种到田地中的仪式。绳文时代的日本也进行将土偶制成女

麦田

神的样子，然后将其破坏并将碎片播种的同种的仪式。这是当时的人们已经栽培作物，并信奉这些作物是由被杀掉的女神尸体上产生出来的神话的有力证据。

一、从被杀死的神的尸体上产生的农作物

在《古事记》中，可以看到如下很奇妙的说明农业起源的神话：

天之岩屋事件后，受到惩罚被逐出天上的建速须佐之男命来到地上而变得饥饿，为此他来到一位叫作大宜都比卖的女神之处寻求食物。于是女神从鼻孔、嘴巴、肛门中取出各种好吃的，精心制作打算让建速须佐之男命食用。可是建速须佐之男命偷偷看到了女神从身体中取出食物，认为这是要让自己食用污物，一怒之下将女神杀掉了。于是从被杀掉的女神的头部产生了蚕，双眼产生了水稻，双耳产生了粟，鼻子产生了小豆，女性性器产生了小麦，肛门产生了大豆。

《日本书纪》记载，养蚕始于天照大神

传说诞生于被杀的女神的尸体上的农作物。图中从左上依次是小麦、水稻、粟、稗

居住在高天原的神产巢日神将其取走，开创了农业。

在《日本书纪》中也可以看到与之十分相似的神话：

一次天照大神让弟弟月神月读命去拜访居住在地上的保食神。于是保食神从自己嘴里首先吐出了米饭，然后又吐出了很多种类的鱼、肉，准备豪华的美食想款待月读命，而月读命面红耳赤盛怒之下，拔剑将女神斩杀。从回到了高天原的月读命那里得知了此事的天照大神十分生气，对月读命说道："我再也不想见到你了。"于是从这开始，原本关系良好的身为姐弟的太阳和月亮分别只出现在白昼和黑夜的天空中。

此后，天照大神命令叫作天熊人的神来到地上查看情况。保食神的尸体头部产生了牛和马，额头产生了粟，眉产生了蚕，眼产生了稗，腹部产生了水稻，女性性器产生了小麦、大豆和小豆。天熊人将其全部带回天上，献给了天照大神。于是天照大神欢喜地说道："这些是要成为人类食物的东西。"决定粟、稗、小麦和豆为旱田作物，水稻为水田作物而在天上的田地里种植，并且将蚕茧放入口中抽出丝来，开创了养蚕业。

二、与日本神话极其相似的魏玛勒族的作物起源神话

我们能够在《古事记》与《日本书纪》中看到从被杀掉的神的尸体的各部位中产生出五谷，并由此产生了农业的神话。任何一个传说中，被杀掉的神在

活着的时候都可以通过看起来肮脏的做法，用身体的呕吐物或是排泄物做出无限的美食来，并且也是因为被别人看到这样的做法而被杀死。

与之完全相似的神话，既可以在印度尼西亚、美拉尼西亚、波利尼西亚这些南太平洋岛屿的原住民之中发现，也可以在从南美到北美南部的美洲大陆原住民之中发现。比如说，居住在新几内亚正西方的斯兰岛上的原住民魏玛勒族的神话中，就有如下的传说：

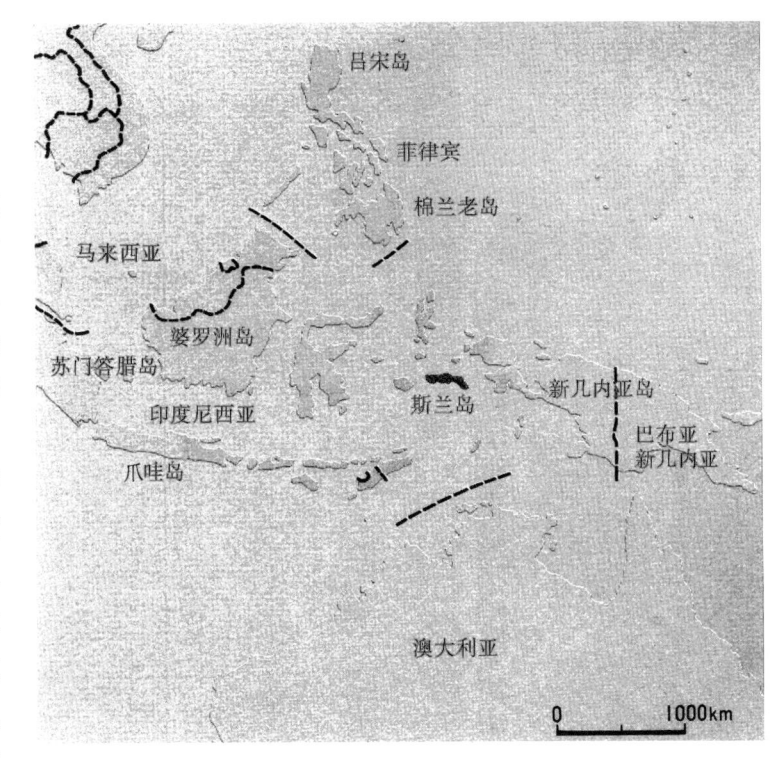

南太平洋诸岛

世界最初的椰子树上，就像结果实一样诞生了一名叫作哈伊奴维丽的处女，她成为阿麦塔的女儿，与从香蕉中出生的人类的这个祖先一起生活着。她通过大便就可以从身体中产生珊瑚、黄金的首饰、瓷器盘子这样对魏玛勒族人来说很是珍贵的各种宝物。为此而感到悚然的人类的祖先们，某夜一边画着九重的螺旋形的轮子一边跳着叫作马罗的舞蹈，并在跳舞的高潮时候将哈伊奴维丽推入了深穴之中，将她活埋了。

到了早上，得知了女儿死讯的阿麦塔将尸体挖出，并且剁碎，把碎片埋到了不同的场所。于是从那些碎片上产生了各种不同种类的山药。之后人类将其栽培作为主食才得以生存下来。传说哈伊奴维丽的胃变成了一个巨大的壶。而这个壶至今还被收藏在一座叫作郝尼泰特的村子的首长那里，称为"处女哈伊奴维丽的胃袋"，被视为神圣之物。

神话的考古学 | 153

在集会上跳马罗舞的魏玛勒族人（此图依据曾做过实地调查的阿道夫·詹逊的报告书而作）

三、与美洲原住民的玉米起源神话的类似

魏玛勒族神话中，主人公哈伊奴维丽活着的时候由身体排出的东西，不是食物而是宝物，这一点与日本神话中的大宜都比卖或者保食神都不一样。并且这个传说也没有明确说明主人公排出宝物是否被别人看到。而魏玛勒族还有如下一则在这些点上与日本神话更加相似的传说。

一个老妇人从身体上刮下来污垢，煮成粥让孙子食用。可是有一天，少年偷偷看到了这一场面，吃饭的时候便对祖母说："我已经看到了你的所作所为，不想再吃了。"于是祖母就对少年说："没有办法了，你得离家三日，回家后看看屋子下边。"少年依言而行，回来发现祖母已经死去，从尸体头部、女性性器和胴体上生出了不同种类的椰子树，并且树根下还有农具。

同样的传说，在美洲也可以发现。北美的切罗基族通过如下的神话说明了玉米的起源。

有一个妇人，搓自己的腹部产生玉米，搓自己的腋下产生蚕豆，来养活两个少年。而某日孩子们看到了母亲的所为，决心杀掉自己的母亲。知道了这一切的她对孩子们说:"杀掉我之后,要将屋子前的地面打扫干净,一定要前后打扫七遍没有遗漏,然后将我的尸体围起来,一夜不能睡觉。这样做的话,第二天早上就能得到很多的食物。"

孩子们依言而行。第二日早上,渗透着母亲鲜血的地面被玉米覆盖着。

上图 居住在美国北卡罗来纳州的切罗基族印第安人的村落,在树木上生火来做独木舟

下图 在哥伦布发现新大陆之前,美洲就存在着以玉米为主要农作物的广大耕地

四、新几内亚原住民的血腥仪式

日本神话中，借由大宜都比卖与保食神的传说而说明起源的作物是五谷，也就是日本人自古以来作为主食的谷物。美洲与此相似的神话也是大部分都在说明作为原住民主食的谷物——玉米的起源。印尼栽培水稻的地区往往也通过同一类型的神话来说明水稻的起源。在采集椰果作为主食的南加利福尼亚地区的原住民之间，也通过相似的神话来说明椰子的起源。

在热带通过原始方法栽培野芋和山药这两种有很大区别的薯类植物或是椰子和香蕉这类果树的人之间，也能够发现此类神话。这就像在魏玛勒族神话中看到的那样，成为说明各自薯类与果树起源的传说。

并且在这些过着原始栽培生活的热带原住民之间，还进行着与这类神话相结合的将人类、家猪或是野猪等作为牺牲而杀掉的血腥仪式。这类仪式上被杀掉的牺牲的身体要像神

上图　新西兰原住民的标枪
中图　新西兰原住民及其民居
下图　热带烧田所栽培的两种薯类植物。左为大叶芋头，右为山药

新西兰的雨林

在新西兰，原住民将大叶芋头、山药和猪肉什么的蒸烤着吃。图为正在搬运覆盖在炉子上的香蕉叶的原住民

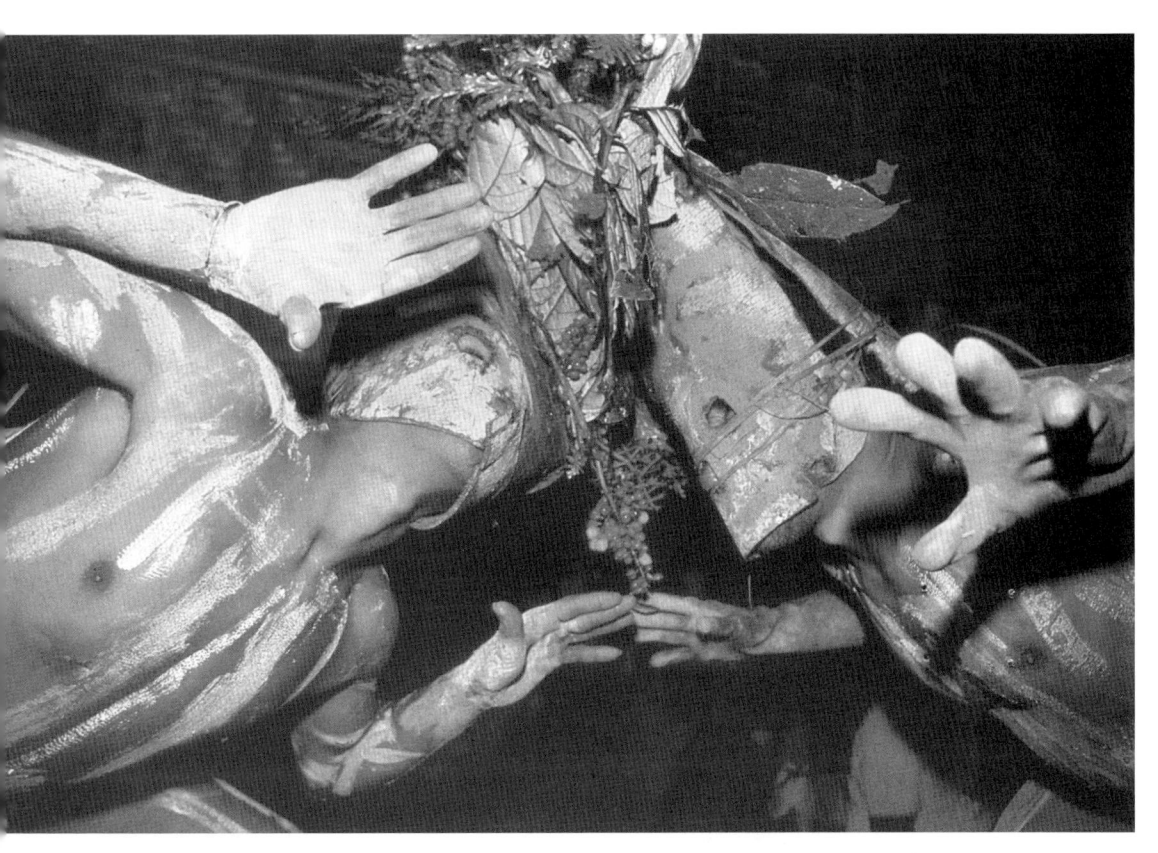

结婚仪式上为观众跳舞的男性，表现的是日月

香蕉也是这样蒸烤着吃的

用面包树的叶子包裹住被肢解的猪的肉，放在炉子上蒸烤食用

神话的考古学 | 159

话中的哈伊奴维丽一样，被剁成碎片。其中的一部分肉被吃掉，剩下的骨头、血液一同被播种到田里，或是涂抹在果树的根和干上。

比如说新几内亚的马林特·阿尼姆族的叫作玛幺的祭祀的最后，被称为"玛幺女儿"或者"玛幺母亲"的少女要被在场的所有男性成员侵犯之后再杀掉。并且肉要被吃掉，骨头一根一根地分别埋在椰树根下，血要被涂抹在树干上。同样是在新几内亚的基瓦伊人的毛咕噜祭祀的最后，要杀掉一头野猪，而肉的一部分只能由老年男性吃掉。尸体的剩余部分被分解掉分给各个家庭，并且与由各个家庭珍贵地保存起来的叫作"玛鲁瑙盖莱"的祖先的遗体碎片中取出来的一小部分一起埋在田地里或是椰树根上，或者烧成灰涂抹在椰树干上。神话中，传说玛鲁瑙盖莱曾经留下遗言要求将自己的尸体分解并珍贵地保存起来。

五、绳文时代的日本曾经栽培过薯类的可能性

与新几内亚等热带地区将薯类和果树作为主要作物相近的这种原始的作物栽培方法，在日本的绳文时代中期或是更早的时代就有可能已经实施了。之前我们认为绳文时代是纯粹的狩猎和渔猎的时代，以动物为主食。可是伴随着研究的推进，以胡桃、橡栗、栗子、橡果等果实为主食的实情，最近逐渐变得明了起来。从公元前4000年左右开始的绳文时代前期，这样的植物性食物就取代了动物性食物成为人类的主食。

从公元前3000年左右开始的绳文时代中期，我们就可以看到在贮藏和烹调植物性食物中使用的土器上发生的这种可以说是飞跃的进步。在形式、花纹和装饰这些所有的点上，变得复杂而富于变化，制作出了艺术性在世界上是独一无二的优秀的东西。

深钵形土器（日本山梨县御所前遗迹）。据信在绳文时代中期，这类土器极有可能象征着女神

新西兰的星形棍棒石头，日本国立民族学博物馆藏

日本群马县小泉町阿伊奴原出土的四头石斧，日本庆应大学考古学研究室藏

新西兰的龟形土器，日本国立民族学博物馆藏

并且在这一时代，关东西部到中部地区广泛使用着一种叫作"石斧"的实为掘土工具的石器。通过几位很有影响力的考古学者，关于这一地区当时是否已经开始了作物的栽培的学说，相当早就被提倡了。特别是其中的江坂照弥氏，主张这一时期栽培的作物是山芋或者是香芋等的可能性很大。山芋是山药的一种，而香芋是芋头的一种。

身为文化人类学者的冈正雄也提倡绳文时代中期曾经栽培过原产于热带的薯类这一学说。作为根据，冈正雄曾指出，这一时期土器的花纹、石器的形式与今天新几内亚、美拉尼西亚栽培薯类的人们使用的东西极其相似。

六、使用土偶充当被杀死女神的仪式

在绳文时代的东日本，曾繁荣地制造过被认为是基本上都在表现女性的土偶。土偶往往强调乳房、下腹等生殖器，也有完全表现

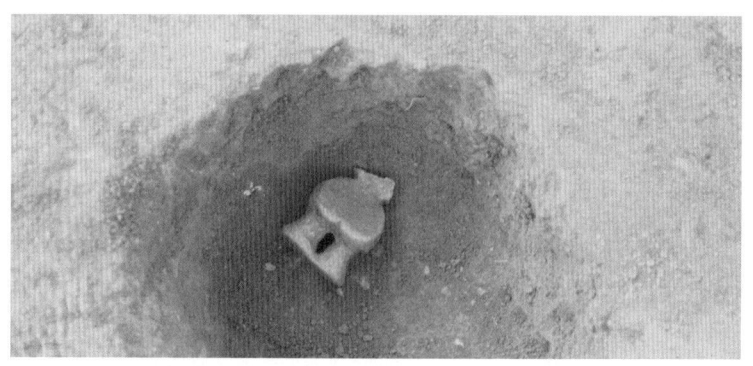

上图 出土了约600块土偶碎片的日本释迦堂遗迹全景
下图 土偶出土情况

出土于日本山梨县胜沼町和一宫町释迦堂遗迹群的大量的土偶碎片

妊娠状态的。此外，基本没有出土过完好无损的，通常发现的只能认为是被特意破坏掉的。并且这些碎片要么被置于石头围成的圈中，要么就是被放入埋藏在住所入口处的瓮里面，就像是对待特意祭祀或是埋葬起来的东西一样。

这一只能说是奇妙的对待土偶的方法，是认为绳文时代中期就已经开始作物栽培的考古学者们所选择的支持其学说的更加重要的一个根据。这是因为，可以充分说明当时的人们通过破坏被认为是作物母体的女神像的土偶，进而达到杀掉女神，进行让其尸体碎片上生出丰裕作物的仪式的目的。

土偶最初就是为了被破坏而制作的，而碎片在不同的场所被掩埋或播种的假说最近通过在山梨县刚刚进行的令人印象极其深刻的发掘也可以得到重新的明显的确定。昭和五十八年十月一个月，从释迦堂遗迹的一个地区就已经发掘出大约400个绳文时代中期的土偶碎片。但是报告得出，这么多的碎片无论如何拼合，都不能复原出一具完整的土偶。

而且专家认为这些土偶是通过"分割块制作法"这一独特的方法制作的。要把分散的部分分别制作，通过芯整合起来，在此基础上盖上黏土，做出完整的形式来。我们也可以通过特意制作容易破坏的土偶来清楚地推断出，其实土偶最终就是为了四分五裂而被制作的。

七、产生作物时不可或缺的精液的力量

绳文时代的人们还是制作土偶，把它作为自己栽培的作物的母体的女神像。并且大约每年为了让作物生长出来并得到丰收而通过破坏土偶来实施杀掉女神并将其尸体四分五裂，播撒碎片，分埋起来，或者在家中小心地祭祀起来的仪式。这一仪式除去被杀掉的不是生物而是神像这点之外，可以说是与新几内亚的马林特·阿尼姆或者基瓦伊这类民族将人类、家猪或野猪杀掉的仪式是完全相似的。

拥有如此仪式的新几内亚的原住民的神话中，讲述从被杀的尸体上长出作物的同时，也往往认为男性精液也是这之中不可缺少的。基瓦伊神话中，名叫索伊德的祖先杀掉了被陌生男性强奸了的妻子，将其尸体砍碎，撒到地面上。于是从这些碎片和血液上生长出了各种薯类、椰子和香蕉。索伊德将这样生出的果实一口吞下。这些果实通过体内到达了他的性器，为此他的男根变得令人悚然的巨大。然后他前往某岛屿，与一名叫作佩卡伊的姑娘结婚了，但在最初的交合中就令妻子死亡了。但是，此后他却将精液洒在了地面上，第二日，原为不毛之地的岛屿却生长出了各种各样的作物。而且在马林特·阿尼姆族神话中，第一棵香蕉树就是从受到集团内部同性轮奸的，全身被涂满精液的叫作盖布的

颜面付钓手土器（左图为正面，右图为背面），日本东京都杉并区井草八幡宫藏。绳文时代中期为主，在关东至中部地区，分布着被称作"钓手土器"的复杂形状的土器。因为有极少数的遗物都附着着油污、油烟或者烧过的痕迹，因此推测这类型土器极有可能是作为灯具、内部注入燃油来使用的。不过大多数情况下都是和石棒、石柱、装有土偶头部的壶等具有强烈祭祀性质的器物一起被发现，因此这种土器更有可能不是实用的，而是作为一种珍贵的圣器，具有宗教目的。而考古学者森藤荣一则表示，土器内部燃烧着的火焰本身才极有可能是作为神明被顶礼膜拜的。和日本的保食神神话一样，也拥有类似作物起源神话的大洋洲到南美这一区域，分布着这样的神话：体内拥有火种却被人类的祖先劫掠走的女神成为火焰起源的主角。我们甚至可以认为，日本神话中的伊邪那美因为生出了火焰而身亡的神话传说也是这一类型神话的变异。因此我们是否可以推断认为，这样的钓手土器就象征着对于烧田农业极为重要的体内拥有火种的尊贵女神，而受到人类的崇拜呢

神话的考古学 | 165

分割制作法。绳文时代中期的土偶，就如图示的那样，一开始就是为了最后能被四分五裂而制作出来的。而上图的模型正是1983年10月—12月间在日本山梨县立考古博物馆举行的土偶特别展上与真实的遗物（下图）一起展出过的实物。在那次展出上，我们能看到释迦堂刚刚出土的大量土偶碎片，有的是脸部的表情，有的是明显妊娠而隆起的腹部，并且被涂上了红色，通过这些现象，人们也可以推断出其所表现的正是为了让食用性植物能够在尸体上诞生而被杀死的血流成河的丰饶女神。在三口神平地区，围绕着半月形的集落出土了约400个土偶碎片，但是我们竟然无法完全复原其中的任何一具土偶，由此可见当年这些土偶的碎片一部分埋藏在了集落的周边，一部分则被带到更远的田地里分别埋藏了

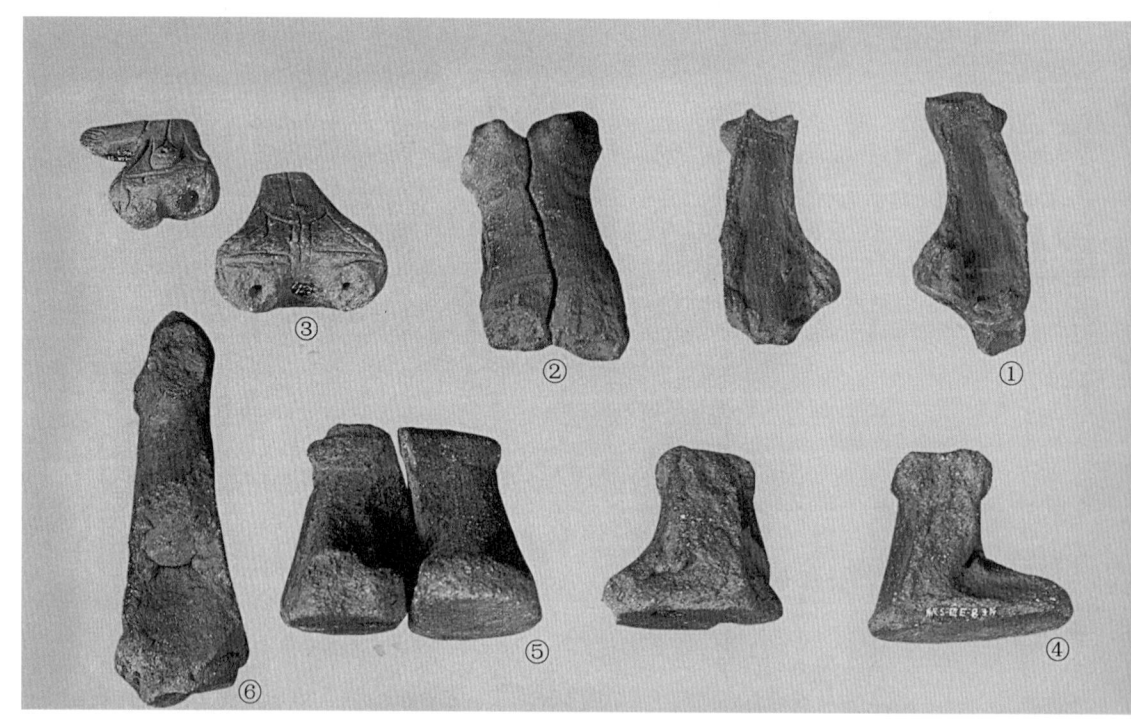

日本释迦堂出土的土偶碎片。①腿的部分，②腿的组合，③胴体的部分，④脚的部分，⑤脚的组合，⑥腕部

男人的脖颈处生长出来的。而且传说他最终升天成为月亮。

正因为相信精液具有这种使作物生长的力量，马林特·阿尼姆族才会在杀死成为玛幺祭典牺牲的少女前在集团内部将其轮奸吧。

八、绳文时代就已经存在的食用性植物的起源神话

认为男性精液的力量对作物产生或生长起到重要作用的信仰，可能在绳文时代也存在着。原因在于绳文时代与土偶一同被制作的还有石棒，其中有一些充分表现了勃起的男根。在绳文时代中期，特别是从关东到中部地方这一地区制作了很多大型石棒。它们似乎被安置于家中炉灶旁边，或者是内宅的墙壁上，享受着人们的祭祀。通过发掘也发现了石棒与土偶一同被各种土器围绕，明显可以认为是处于祭祀状态的事例。

而且在绳文时代的东日本，也制作了边缘是表现女神面孔，整体可以看作表现该女神身体的大型的深钵形土器。到了绳文晚期，还开始制作形似容器的土偶。可以从中取出食物的容器，是在模仿从身体中取出食物使得作物生长的

日本山梨县八岳南麓金生遗址出土的绳文时代晚期的怪异模样的容器形土器，发现于由圆形石头和平板石头构成的被认为是祭祀场所的配石遗沟内，并且一同被发现的还有数根石棒以及大量的壶形土器。此土器的腹部、背部以及两肩均刻画有鲜明的旋涡花纹，拥有中空且巨大的双眼，好似章鱼一样突出的嘴部，而这些都无疑会给见到它的人一种强烈的神秘感。此外，在这个遗址还发现了200件土偶碎片、30根石棒和70余根烧过的猪的下颌骨。因此这个遗址上极有可能曾经举行过一场使用土偶和石棒并将猪作为牺牲的大规模的祭祀活动，而且遗址本身也应该是一个巨大的宗教活动场所

女神，这一联想是再自然不过的了。基于这一联想，绳文时代的人们可能将土器视为食物母体的尊贵女神进而对其进行崇拜。这与塞拉姆岛的魏玛勒族将壶视为神圣之物，认为那是成为作物母体的哈伊奴维丽的胃变化而来的东西一样，有着奇妙的类似。

绳文时代某一时期以后的文化，正是冈正雄想象的那样，与新几内亚周边进行薯类和果树栽培的人们的文化之间有着各种各样的共同点。与他们一样，

日本金生遗址，中空土偶的出土情况

生殖崇拜石雕

绳文时代的人们恐怕已经通过与大宜都比卖或保食神的传说相类似的神话来说明成为自己食物的各色植物的起源了。通过南加利福尼亚原住民的神话事例，我们可以充分认为那些神话不仅说明了作物的起源，甚至也有可能还会说明用来采集果实的胡桃、栗、橡果这类植物的起源。

第四章　照叶树林文化与古代日本

　　亚洲东南部的湿热地带，从喜马拉雅山脉的东南部斜面到中国南部为止，有一块生长着樟树或是柯树这类拥有常绿的宽广树叶的树木地带。茶叶、绢、漆或是味噌和纳豆这类发酵食物，还有这一地区人们的文化，有许多是和日本相同的。最初始于热带的薯类栽培也是通过这一地域传播到日本去的。由神的尸体上产生出作物的神话也一定是最初主要用以说明薯类起源的，并与薯类栽

树林

培一同被带到了日本。著名的关于瓜子姬的传说，就非常有可能是从这古老的起源神话变化而来的。

一、猎头与食人的风俗所拥有的重大意义

据植物学家中尾佐助先生的研究，无论是香蕉还是山芋的栽培，最初都是在马来半岛一带。从印度东部的阿萨姆地区到缅甸这一地域，最初栽培大叶芋头的可能性很大。像这样的以薯类和果树为主要作物的文化，中尾氏将其命名为"根栽农耕文化"，并且可以推定这是人类在地上最古老的农耕文化。

德国的人类学家詹逊也主张热带的薯类与果树栽培是人类最古老的农耕。据詹逊研究，描述由尸体上产生作物的神话，以及那蔜神话中反复的事件所拥有的血腥的仪式，所有这一切都是与最原始的农耕一同出现的。

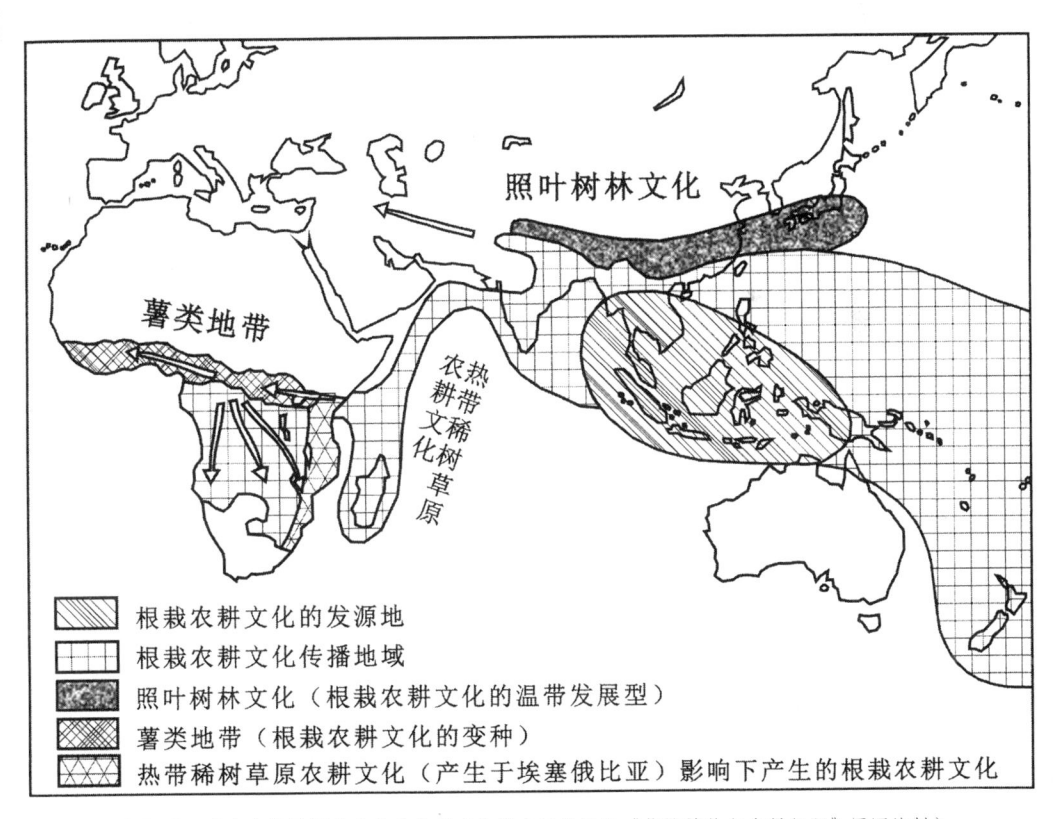

起源于亚洲东南部的根栽文化的传播（依据中尾佐助氏《栽培植物与农耕起源》原图绘制）

神话的考古学

塞拉姆岛西部的原住民，一身猎头的装束，跳着名为恰可莱莱的舞蹈（依据阿道夫·詹逊的报告书中原插画绘制）

　　同时，我们还可以在这些进行这种农耕的热带原住民之中发现被我们视为野蛮到极致的仪式化了的猎头或是食人之类的风俗。可是这样的风俗对于拥有者和继承者来说，实际上并不是一项没有任何意义的蛮行。就如同詹逊所主张的那样，如果将之与最初的作物是由被杀死的神的尸体上产生出来的神话进行对照的话，我们就可以非常理解了。

　　人类的祖先认为，在上古时代，因为杀死了作为拥有无穷尽的食物或是财富母体的神，从而使成为人类主食的作物得以产生。通过这样的事件，人类从

此就认为要让食物以作物的形式生长出来并获得收获的话，就不得不反复进行杀死母体的仪式，并且这样得到的食物因为是由神的尸体变化而来的，吃掉食物就相当于重复进行杀掉并吃掉神的行为了。将活牺牲杀掉并且吃掉的同时，再将其尸体弄为碎片播种的仪式，实际上拥有重大的意义，即明确确认和再次继承成为人类拥有的作物的这一命运。

二、亚洲东南部地域照叶树林带与日本之间的关联

据中尾先生的研究，由亚洲东南部的热带开始的薯类栽培，最终扩展至温带，也传播到了日本。与关东地区相比，西部日本过去覆盖着类似樟树、柯树、橡树、山茶这类即使到了冬天也不会落叶的拥有宽大且浓厚树叶的树木。被称为常绿阔叶林或者照叶树的这种森林曾经广布于尼泊尔、不丹、印度东北部的喜马拉雅山脉南坡，经缅甸北部直到中国长江以南的江南地区。中尾先生将这一地区命名为"照叶树林带"。特别需要注意的是，居住在这一地区的人们的文化，尤其是饮食生活上，有许多与日本相似的地方。薯类的栽培就是经由这个亚洲东南部的照叶树林带而最终从中国江南地区传播到日本去的。

我们同样能够想象作物是由被杀死的神的尸体上产生的神话，也多半是由同样的途径，与薯类的栽培一同传播到日本的。

而且照叶树林带过去也进行着与这一神话相结合的血腥的杀戮仪式或是猎头。事实上，阿萨姆的那伽族，中国云南省西南部到缅甸及老挝北部的佤族的一部分，在数十年前还在进行猎头。并且有报告指出，佤族在春季会将村子里胡子最浓密的老人杀掉，将其血与灰一同搅拌播种的习俗，在被中国政府禁止之前都有持续进行。佤族认为，猎头牺牲者的胡须也是越浓密越好，据说是因为相信胡须越是浓密就越能够使作物生长得繁密。

古代云南曾存在过一个叫作滇的国家。公元前109年，国王从西

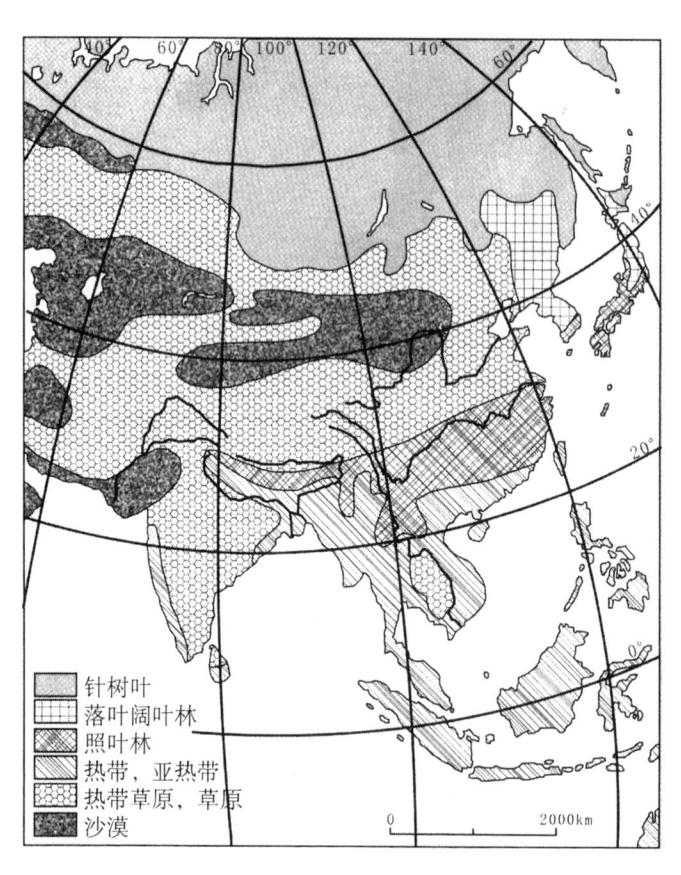

亚洲东南部生态系统（依据佐佐木高明民《稻作以前》原图绘制）

图例：
- 针树叶
- 落叶阔叶林
- 照叶林
- 热带，亚热带
- 热带草原，草原
- 沙漠

泰国的照叶树林带,其间分布着苗族的村落

①	
②	③
	④

① 中国云南省南部的西双版纳傣族自治州。图为哈尼族的村落，远处的山峦间分布着烧田

② 中国云南省西双版纳傣族自治州景洪县的傣族，在市场上卖豆腐

③ 中国哈尼族的民居与女性

④ 蔬菜市场

① 出土于古滇王国王族古墓的表现为杀人仪式的青铜器的盖子，中国云南省博物馆
② 青铜器的模型，其中的房屋里能看到的一说为祭祀，一说为猎头得来的头颅
③ 雕刻有杀人仪式的青铜器

汉武帝那里得到了独立的认可，被授予王印，此事《史记》中有记载。

三、曾经也存在于日本的猎头与食人的习俗

从千叶县市川市的姥山贝冢发现了盖在绳文中期深钵形土器上的成人头盖骨。考古学者渡边诚氏根据头盖骨的这种处理方式推测当时的日本也曾施行过猎头。

绳文时代，不仅是猎头，甚至存在过食人的习俗的可能性都非常大。1877年发掘了大森贝冢并命名了绳文土器的摩斯早已指出了这件事。原因在于，我们可以看到出土于这座遗迹的人骨存在明显的以和食用的野兽的骨头一样的方法被破开的痕迹。

而摩斯的这个发现此后一直被完全忽视了。但是最近人骨研究的权威，解剖学兼人类学学者铃木尚氏也注意到了从绳文时代前期到晚期的人骨上可以看到与兽骨上的切伤一样的伤痕。

根据铃木氏的研究，绳文时代的人们在折断、敲断用来食用的兽骨的时候，下手的地方和方法基本上都是一致的。也就是说，因为当时的人们采用固定的方法将动物肢解并吃掉，所以当我们看到人骨上有与之相似的破损的时候，当然也能考虑到这暗示着那个人也是与野兽一样，被用同样的方法肢解并吃掉的。铃木氏接下来在神奈川县发掘出来的弥生时代的人骨中同样发现了这样的食人的痕迹。

通过破坏土偶而达到重复

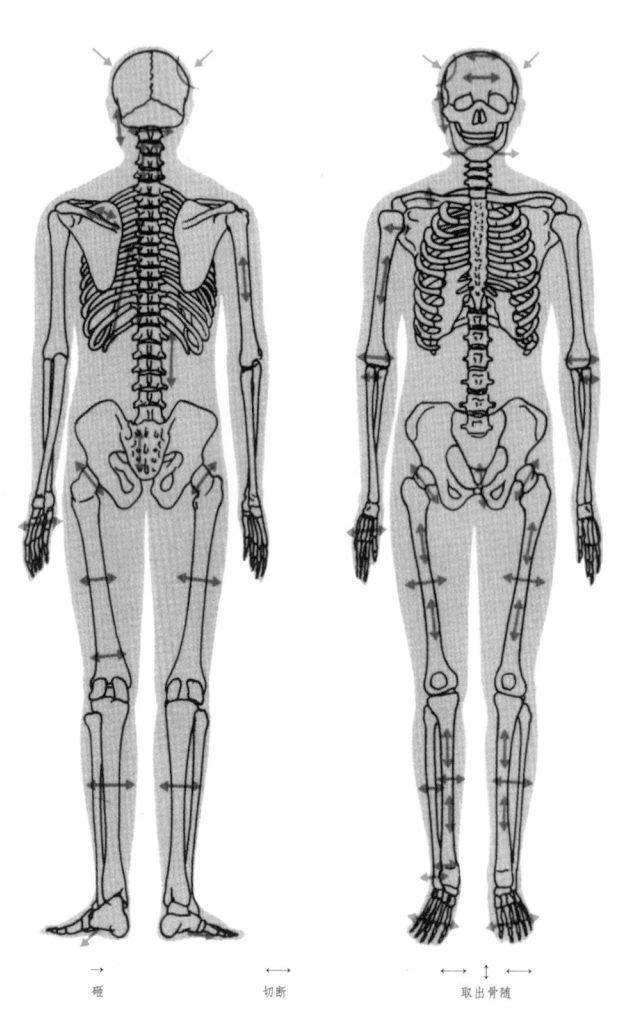

大浦山洞人的解体方法（依据铃木尚氏《由骨骼而看日本人的起源》绘制）

杀掉作物母体的女神的仪式的同时，绳文时代的人们也在某一场合实施同样目的的将活人作为牺牲的事情，并且这样的杀人与食人的仪式直到弥生时代尚在这一地域被实施着。

伊势神宫后山保留下来的天然照叶树林

四、曾经是照叶树林带一部分的绳文时代的日本

热带地区原住民经营的薯类的栽培大部分是通过烧田的方法来进行的。所谓烧田，就是将树林采伐，等待草木干燥后将之烧掉，并不耕作而直接播种的方法。这样的烧田法栽培薯类，不仅在亚洲东南部的照叶树林带，而且在日本也曾实施过。在照叶树林带的很多地区，薯类只不过是烧田法栽培的作物中的一种罢了，这在日本也是一样的。

照叶树林带的烧田的最主要作物，比起薯类来说，现在是谷子、其他的杂谷和豆类。而在亚洲东南部，除此之外陆稻也是常见的。也就是说，最初是以薯类为主要作物而开始的照叶树林带的烧田在这之后变得以杂谷、豆类为主要作物，进而添加上各种蔬菜和其他次级

■ 照叶树林烧田农耕文化
■ 出现根栽农耕文化的地域，之后被稻作文化所取代
■ 根栽农耕文化的现存地域
■ 杂谷农耕文化地域

上图　斯里兰卡波隆纳鲁沃附近的烧田
中图　中国海南岛的烧田
下图　照叶树林带烧田农耕文化的分布（依据佐佐木高明氏《稻作以前》原图绘制）

180 | 日本神话的考古学

中国云南省西双版纳傣族的烧田

作物，变得更加复杂。而且这种变化，无论在日本还是在东南亚都一直延续到了今天。

根据中尾先生的研究，原来生长在湿地的一种杂谷的稻子，是首先在照叶树林带作为陆稻在阿萨姆的山地被当作烧田作物而开始栽培的。在山地进行的稻谷的栽培，此后从烧田进化到长期段状的旱田，进而演变到了段状的水田而得以发达，终于在平地上也开始经营大规模的水田了。水田稻作恐怕是在绳文

神话的考古学 | 181

时代晚期由中国江南地区首先传播到了北九州。进而于弥生时代迅速传播到了全国，甚至连日本的东北地区中部一带都开始了经营。

也就是说，在绳文时代某一时期以后，日本的主要部分，与亚洲东南部的照叶树林带一起构成了一个文化圈。虽然与照叶树林带发生的变化相比较晚，但日本依旧调整了步调，从原始的烧田薯类栽培变化到了水田稻作这一发达的农耕的主要形式。

五、因天邪鬼或山姥的血而变红的火耕作物

水田稻作于弥生时代就已经普及开来了，但之后，烧田还是在山地继续着。直到昭和十一年为止，日本依然有大约七万七千公顷的烧田。这种烧田中的主要作物粟等杂谷和小豆，以及水田中种植的稻谷一起被称为五谷。正因为它们构成了日本人的主食，所以不用说就知道这构成了大宜都比卖

上图　为了烧田作业而建的小屋，日本白山麓

下图　放火之前，首先要向山神祈祷，日本白山麓

182　日本神话的考古学

日本白山麓的烧田，放火来烧荒，全然没有耕作的过程，直接播种粟、稗、黍等作物的种子

和保食神的尸体上产生五谷的神话背景了，因为这就是发展到此阶段的农耕的状况。

特别是在保食神神话的结尾，天照大神将粟、稗、麦、豆定为旱田中的作物，却将稻定为水田中的作物，并且将稻种植到天上的水田中，由此可见是将稻视为原本就高贵的作物而与其他的谷物明确区分开来的。大宜都比卖和保食神的神话中，还有一个共同的讲述与五谷一同起源的蚕的传说。据中尾氏的观点，养蚕也极有可能首发于阿萨姆一带，是照叶树林带文化所共通的重要特征之一。保食神的神话中讲述是由天照大神将蚕茧放入口中而抽出丝来的，可以认为这是在强调绢的特别的珍贵性。

按照这一形态而完成的讲述即从尸体上产生作物的神话之前，就已经在日本流传了很长时间的一定就是在旱田中栽培的作物的起源神话。身为文化人类学者研究神话的权威大林太良氏和国文学者林

上图　烧田里的粟，由于除了播种和收割之外全然依仗大自然，故而收获量很少

下图　图中所示应该是传说中山姥原型的烧田山神，日本熊本县球磨郡水上村

184 | 日本神话的考古学

奉献神明，将白山麓烧田里收获到的作物奉献给神明的一种仪式，日本加贺市分校町

田史子氏等都指出，在日本的民间故事中就能看到那样古老神话的痕迹。林田氏举出的是在著名的瓜子姬的故事中，瓜子姬最终被天邪鬼所杀，身体被分解，扔到了旱田中。而且因为她的血，粟、荞麦、小麦、黍等的根和茎叶都变成了红色。大林氏注意到的传说《天道的金网》的结尾处，山姥从空中落到荞麦旱田中，摔破了头而死去。结果被她的血所染，荞麦的叶子就像今天看到的那样，变成了红色。

神话的考古学 | 185

六、由乳汁而来的白米和由血液而来的赤米

亚洲东南部的照叶树林带也存在着因为血液而变成红色的烧田作物的传说。据居住在中国广东省北部山地的瑶族口传，过去稻子虽然开花，但并不结穗。一位高贵的少女将自己的处女的乳汁洒在稻子上，稻子才开始结穗。接下来她准备让所有的稻子都结穗，于是就强行挤压自己的乳房直到没有了乳汁而流出了鲜血，于是洒上鲜血的稻子就变成了赤米。据说赤米是由瑶族在烧田中栽培的，各方面的价值都要高于白米。

尊敬红色食物，在日本的风俗中亦能见到。那就是在仪式的饮食中放入小豆而将饭特意做成红饭。据说在枥木县、群马县和琦玉县，严禁在正月期间吃年糕，于是就出现了必须吃红饭的村子。报告说在福岛，有的地方刻意回避在正月头三天吃白色年糕，而要吃一种叫作红红糕的掺入了小豆或是玉米的涂成红色的年糕。注意到这些风俗的民俗学者坪井洋文主张，这是将火的红色神圣化而在山地经营烧田的人们的古老信仰的残留。

上图　中国云南省思茅地区所见的紫米，属于赤米的一种
下图　贩卖赤米饭，中国云南省西双版纳景洪县

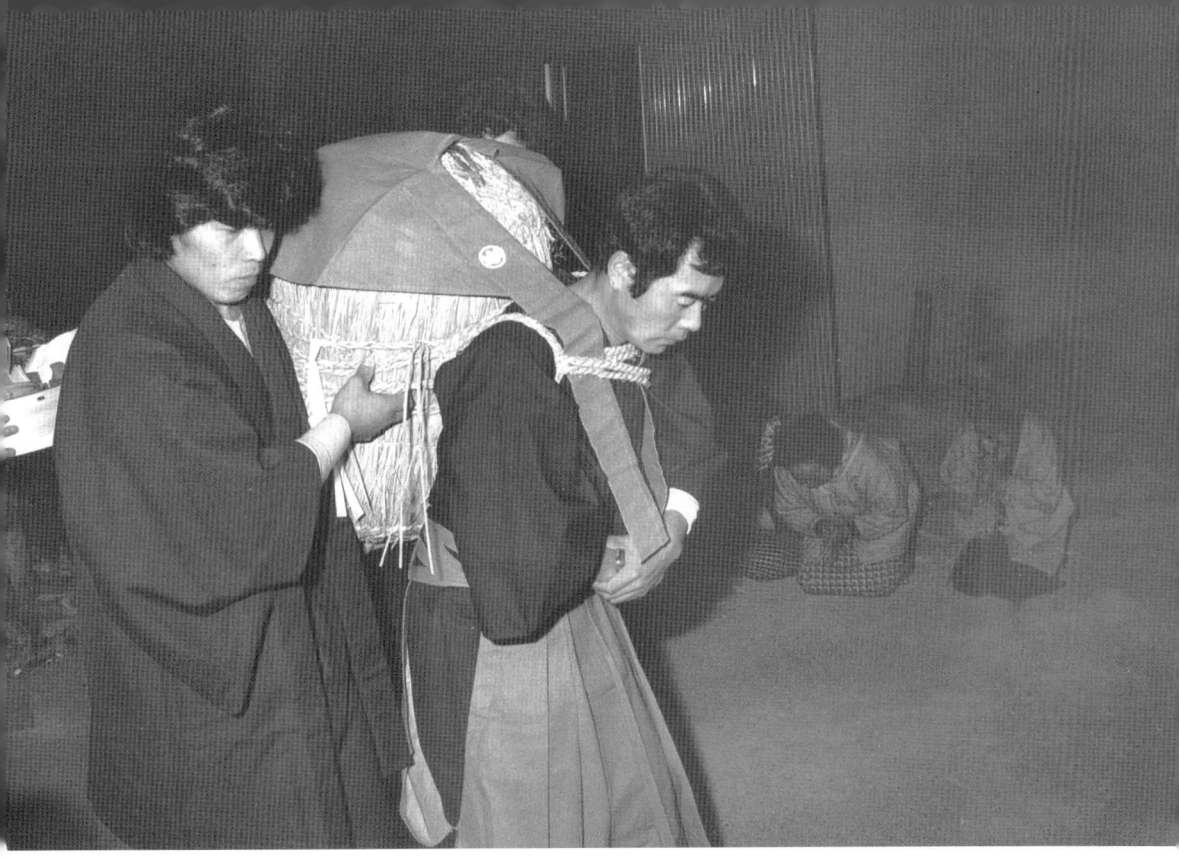

对马严原町的赤米神事上，人们低头恭迎赤米

贡品，白色纸张上供奉的是由赤米制作的小磨

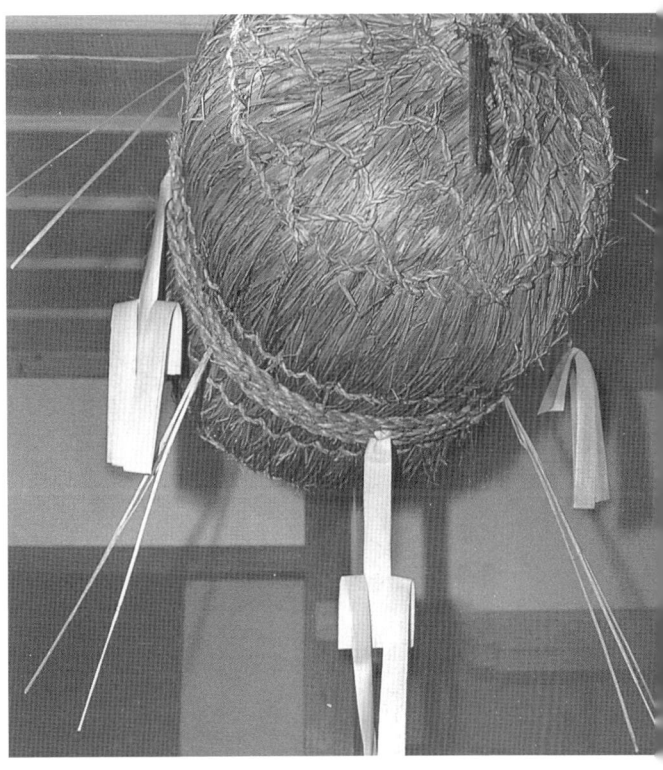

从天花板上吊下来的装米草包

不过，确实可以联想到是火的灵力才使得烧田作物从被红色火焰烧尽的地面上生长出来。并且与此同时，无论是在照叶树林带还是在日本，都信奉作物是由被杀掉的成为母体的神之血肉变化而来的。基于这一信仰，人们才明确地断定，正是燃烧的火焰和流淌的血液才使得作物或食物生出了红色，进而特别神圣地对待和尊敬这样的作物和食物吧。

七、瓜子姬的原型和日语的起源

山芋
▲ 正月
▲ 五月五日
▲ 九月十三日
△ 其他

芋头
● 正月
● 五月五日
◐ 八月十五日及九月十三日
○ 其他

照叶树林带

作为仪式性食物的芋头（依据本间俊氏《史论》原图绘制）

关于瓜子姬的传说，林田氏接下来揭示出了如下非常有意义的事。

这则传说的主人公由瓜结果诞生而来，这部分与由椰子树结果而诞生的魏玛勒族神话的主人公哈伊奴维丽很相似。在此之上，各地采集来的传说中，瓜子姬都非常喜欢山芋，每天都要食用。并且正是为给她挖山芋，养育她的老爷爷和老奶奶才被天邪鬼杀害了。在鹿儿岛县的甑岛流传的故事中，她是被刺山芋的竹竿刺穿而惨死的。一个故事版本认为，她被绑在柿子树上，被竹竿刺穿双腿。别的传说中，她被长长的竹竿从头顶刺穿到脚底，吊在路边的树上。在青森县还流传着天邪鬼引诱回来的老爷爷和老奶奶将吃剩的瓜子姬的指头和血液当作山芋和酒水。也就是说，在很多地方，瓜子姬简直就像

188 | 日本神话的考古学

是山芋的化身一样。

　　除此之外，很多传说中，瓜子姬不是被在木板上切碎，就是被撕裂。也有很多是像上面青森县的传说一样，天邪鬼将她吃得只剩下手指、手掌和骨头。也就是说，瓜子姬在很多场合不仅被杀掉还被分尸，并被吃掉，只剩下一部分。这与在热带栽培薯类的人们的仪式上成为牺牲的人类或动物所受到的待遇简直是如出一辙。

　　注意到这点的林田氏认为瓜子姬的原型正是成为薯类母体的女神。也就是说，这则传说的原型是在烧田的主要作物还是薯类的时代流传的薯类是由女神尸体碎片产生而来

祈求丰收的芋头祭，日本滋贺县蒲生郡日野市

倭文神社的人身御贡，由山药的茎叶编织成蛇或是人脸，周围散布着年糕，日本奈良市大安寺町

的神话。伴随着主要作物由薯类变为杂谷，为了说明这些作物根茎之所以是红色的，才变化到了今天所见到的传说。

林田氏关于瓜子姬传说的分析也得到了国语学者大野晋氏的支持。吸收了这个分析的大野氏推定，讲述作物是由尸体起源的神话在绳文时代，随着主要作物的变化，发生了如下表（根据大野晋氏《日本语的成立》一书）所示的三个阶段的变化。

		栽培植物	粮食起源神话
绳文时代	早期 （公元前 8000 年）	薯类	瓜子姬神话
	前期 （公元前 6000 年）	葫芦的栽培	
	中期 （公元前 3500 年）	进行稗、粟的烧田	加入了天邪鬼杀害瓜子姬部分
	后期 （公元前 2000 年）		
	晚期 （公元前 1000 年）	带来水稻，开始水田耕作	发展为保食神的神话，遗忘了薯类

并且，据大野先生的研究，表格中栽培薯类和瓜子姬神话的这个时期，在日本所讲的语言的主要特征基本上与新几内亚原住民语言中的某一种是一致的。如果确实如此的话，当时日本的文化包括语言都和现在新几内亚栽培薯类的人们的文化是同种的了。

关东以西各地，芋头直到现在还和年糕一同构成正月料理不可缺少的部分。芋头和镜饼同为正月的供物和饰物，场所不同，芋头的地位有时甚至明显优于年糕。也有像伊豆群岛中的青之岛那样，正月头三天不吃年糕，而只吃芋头。并且在阴历八月十五日赏月之时，日本举国都可见用芋头来供奉月亮的风俗。以前就有很多位专家通过这些风俗指出，过去可能有很长一段时期，芋头一直是作为日本人主食而存在的。

第五章　日本神话在世界中的位置和特色

在东南亚及中国发现了很多诸如天之岩屋或是伊邪那岐与伊邪那美的兄妹婚等和日本神话十分相似的神话。绳文时代某一时期后，日本从照叶树林带持续受到了很强的文化影响，很多神话一定也传播了过来。并且其中的一部分，在保持变化的同时被吸纳进古坟时代形成的皇室的王权神话中。结果就是，日本神话在最终和希腊神话有十分相似的成分的同时，也拥有和东南亚及中国神话相似的成分。这样人为形成的神话确实会明确地标榜皇室的王权，为此就从学术上否认日本神话的神话性的议论，到底还是从根本上背离了所谓神话的本质了。

一、众人协力将藏在岩屋中的太阳呼唤出来的传说

居住在中国云南省西部山地的布朗族的神话中，有如下的传说：

由一位叫作顾米亚的神刚刚造出天与地的远古时期，太阳是九个姐妹，月亮是十个兄弟。他们一次起了恶心，一起出现在天空之中，倾其所有热和光，企图将地上的一切烧尽。因此而大怒的顾米亚在山顶上用毒箭将太阳和月亮一个个射了下来。八个太阳和九个月亮伴随着降下的鲜血而被射落。最后残留下来的一个太阳和一个月亮慌忙逃跑了。那时顾米亚放的最后一箭擦过月亮，因为害怕，月亮失去了颜色。也就是从那个时候开始，月亮失去了热量，光也变得微弱了。

太阳和月亮结为夫妇躲进了位于世界东方尽头的一个大岩屋中，由于害怕顾米亚而不敢再次现身。因此整个世界陷入黑暗之中，所有的一切都即将冻结。于是顾米亚命令动物们去将太阳和月亮呼唤回来。

来到岩屋前的动物们一起呼唤着日月，可是却毫无回声。接下来其他的动物都安静下来，公鸡用美妙的声音大声呼唤。就这样，日月才总算有回声了，可是由于害怕还是不敢出来。于是公鸡再次向日月保证，顾米亚绝不会再次伤害他们，并且作为遵守约定的象征，做了一顶红色的鸡冠戴在自己头上，日月这才放心，答应出来。岩屋的入口处堆了一块巨大的岩石，大家一起推也丝毫不动，一头力大无比的野猪将其抬起，一口气丢掉了。从此太阳和月亮分别在白天和夜晚出现在天空中。

布朗族的神话和日本神话中天之岩屋的传说十分相似的部分有很多：

无论哪个神话中，太阳都是女的，都是受到了强力的男神的攻击，藏到了岩屋之中，使世界陷入了黑暗。而且无论哪个神话中，都是众人协力费尽苦心才将太阳唤出，使世界重现光明。布朗族神话中，太阳最终回应了公鸡的呼唤，听从了公鸡的说服而答应从岩屋中出来，这与日本神话中为了让天照大神从岩屋中出来，八百万神将"常世之长鸣鸟"①，也就是把公鸡集合起来，让其鸣叫的传说是相似的。再者，布朗族神话中是大力的野猪将塞在岩屋入口处的大石

---

① 鸡的古名。——译注

夜空圆月

头去除的，这和日本神话中为了将天照大神拉出来，大力神天之多力男起到的作用是十分相似的。

与布朗族神话十分相似的传说，在阿萨姆地区、居住在中国贵州的苗族之间也存在。无论是阿萨姆的那伽族，还是苗族的神话中，都是当其他动物呼唤太阳失败之后，公鸡一呼唤，太阳终于露面了，世界再次变得光明起来。同时发现生活在那伽族北方的阿伯尔族的与之相似的传说，结合了如下的人身供牺以及食人部分：

太阳藏在地下，国中陷入黑暗，人类很受困扰，前去请求太阳重现。听到了长尾鸟与人们的对话而感到好奇的太阳起身看着坐在那里的人们。针对他们的诉求，太阳回答："如果给我吃一位神的女儿的话，我就会重新普照大地。"但是由于蝙蝠误导说："太阳想吃的是人类的女儿。"人们于是将自己的一个女儿给太阳吃掉了。太阳恢复了气力，再次给予世界光和热。而之前是不死之身的人类，此刻开始统统失去了不死之身。

二、与伊邪那岐·伊邪那美神话十分相似的中国台湾和中国西南部的洪水神话

中国台湾的高山族的一支阿美人中有如下的神话传说：

神话的考古学 | 193

在日本鸣门海峡远望淡路岛,这里拥有淤能碁吕岛神社、天之浮桥、伊邪那岐神宫等

　　远古时代,发生了大洪水,世界化为一片汪洋,住在地上的拉拉干(Rarakan)和督季(Rotie)两位兄妹神,坐在臼中逃难,漂到了里牙津山。两人决定居住在那里结婚生孩子。可是最初生下来的是蛇,他们吃惊之余将其丢弃到草丛之中。接下来生出来的是青蛙,他们也将其丢弃到了屋子旁。

　　二人对这个结果感到很失望,这时母神太阳派遣下来观察状况的御子神从天而降。从二人那里知道原委后,御子神返回天上,向母神报告。于是太阳再次派遣御子神回到地面，相约要帮助兄妹，之后又派遣了两位持竹的神到地面上。两位神在地面上将竹一分为二，中间诞生了有朱红色斑点的白猪。将猪杀死后，把肉分成了三份，一份归两位神，一份归兄妹，一份带回到了天上。之后二神和兄妹一起开宴会，载歌载舞，并且约定：这次一定要生出人类。二神回到天上，兄妹重新结婚，接连生下了一女、一男、一女共三个孩子。

这个传说在很多点上与伊邪那岐·伊邪那美的神话十分相似。因为伊邪那岐和伊邪那美也是兄妹结婚，最初生下的是水蛭儿，接下来是淡岛，这是不成形的两个孩子。此后他们也是和天神们商量，遵从天神的指示，改变了结婚的方式，终于生出了满意的孩子。

阿美人神话中的主人公兄妹二神是在因为洪水而化为一片泥海的世界中到达了剩下的像小岛一样的陆地，并在那里结婚的。这一点也和伊邪那岐与伊邪那美的神话十分相似。因为他们也是在世界如《古事记》所言的那样，"国之初成，如漂浮之脂，亦如水母漂流"，正是一片泥海的时候，用矛在海中搅和而诞生了淤能碁吕岛，并且降临到这泥海中唯一的孤岛上结婚。

洪水之后，仅存的兄妹结婚，并生出了现有人类的神话，在照叶树林带的中心部，即中国西南部的瑶族、苗族、彝族等之间广泛地流传着。这些传说，与阿美人的神话以及伊邪那岐·伊邪那美的神话具有十分相似的部分。

因为这几个神话中，当哥哥强求结婚时，妹妹回答："你在后面追我，要是能抓到我就结婚。"然后妹妹就围绕着山林逃跑了，哥哥不论如何追赶就是追不上妹妹，这才意识到要是逆向而行的话就

绘岛。关于淤能碁吕岛到底在何处有很多不同说法，此处也是说法之一

有可能,终于抓到了妹妹,如愿结为了夫妇。这与伊邪那岐和伊邪那美围绕着天之御柱旋转,因为改变了方向而结为夫妇的传说相似。

此外,多数传说中兄妹不知道自己到底要不要结婚,为了探知天神的意思,做了各种各样的占卜。而在伊邪那岐·伊邪那美的传说中也出现了和这个相似之处。生了第一个失败的孩子之后,他们回到天上和天神商量,用鹿的肩胛骨占卜后,又回到地上改变了结婚的细节。

三、从伊邪那岐·伊邪那美神话中看到的与作物起源神话间的共通点

中国西南部及其台湾地区各自流传着在很多点上与伊邪那岐·伊邪那美神话十分类似的神话,这恐怕也绝非偶然的一致。台湾的高山族原本就是从中国南部移居过来的。

在中国苗族的宴席上,五色的糯米饭是礼物

他们与瑶族、苗族、佤族等在神话、习俗上有很多的共通点。很明显,在这些民族间残留了过去在亚洲东南部的照叶树林带所共同传承的神话和习俗。

瑶族、苗族、彝族等的大部分神话的结尾都是主人公兄妹结婚之后最终生下了没有五官和四肢的肉块。不过将之切碎后,传说每一片肉都变成了人类。从切碎的每片肉片上一一诞生出生命这一点就能想到这个传说和原来是作为薯类起源神话而被讲述的、从尸体上产生作物的神话有相似之处。

其实,与之相似的传说也存在于伊邪那岐·伊邪那美的神话中。据《日本书纪》载,伊邪那岐也是将伊邪那美所生的一个孩子——迦具土神切成了碎片。于是每片都化为不同的神,并且从迦具土神的血液中也诞生了很多的神。

据一个传说,迦具土神被切成了五份,断片分别化为五种不同的山津见神,也即山神。而在另外一则记事中,迦具土神被切成了三份,断片分别化为雷神折雷、大山津见神和水神淤加美神。再者据《古事记》,伊邪那岐首先砍了迦

上图　吹芦笙，中国苗族男性的必修课

下图　中国贵州省东南苗族侗族自治州苗族的庆典，少女们身披银饰物，和着铜鼓、芦笙、大鼓之乐载歌载舞

具土神的头，从喷出的血液里诞生了八位神。此后从迦具土神的头部、胸部、腹部、阴部、左右手、左右足这八部分分别诞生了八种不同的山津见神。

《日本书纪》记载，当伊邪那岐将迦具土神砍碎的时候，发生了如下的状况：此时，斩出的血液染到了石块和草木。因此石块和草木各自都含有了火。

迦具土神正是火神，为了生产这位神，伊邪那美因产道被烧伤而死。大怒的伊邪那岐才将他切碎。那时流出的血将石头和草木染红，结果，从此石头和草木都变得含有火气了。我们也能想到与这个传说有相似成分的天邪鬼或是山姥的血染过之后作物的根茎都变成了红色的传说。

并且还能在伊邪那岐·伊邪那美神话中发现与讲述从神的尸体上产生作物的神话十分相似的成分。生产了迦具土神，伊邪那美在临死前为火伤而痛苦，呕吐并且大小便失禁。于是据《古事记》，从呕吐物中诞生了金属之神金山彦神和金山姬神，从大便中诞生了黏土之神植山彦神和植山姬神，从小便中诞生了水神冈像女神和谷物之神稚产灵神。

讲述金属、作为土器材料的黏土、农业各神诞生的这则传说其实是在说明文化的起源。也就是说，伊邪那美临死前，用自身的排泄物产生了各种贵重的东西。也是托这个福，人类从此能够利用金属，制作土器，栽培作物，拥有文化而生存下去。这与魏玛勒族神话的主人公哈伊奴维丽从大便中取出各种宝物，保食神与大宜都比卖被杀之前从口鼻或肛门中取出美食的传说简直是如出一辙。也就是说，伊邪那美在这一点上完全与被杀死而从其尸体上产生作物的成为母体的神们是拥有同样特征的同一类型。

四、希腊神话、东南亚神话以及日本神话

《古事记》和《日本书纪》所记录的神话，整体上都是在明确地说明皇室为何支配日本，是否是一个神圣而正当的王室。日本神话被编排成这样的王权神话，确定是在4世纪以后的古坟时代。原因在于，身为大和王室的天皇家的起源很难追溯到比这更古老的弥生时代了。

这一时期与日本有着密切交流的地域就是朝鲜半岛。而且当时的朝鲜半岛正如前述一般，接受了很强的斯基泰人的文化影响。因此日本神话也是在接受了经由朝鲜半岛传播来的斯基泰神话的强烈影响后，变成了今天我们所熟知的这个样子。并且斯基泰神话是接受了希腊神话的影响，所以日本神话最终就和

日本日向高千穗国见丘的云海。在这里，人们仿佛又想起了《古事记》所记载的"拨开天上八重多那云，……又降临到筑紫日向的高千穗之灵峰上"天孙降临的模样

遥远的希腊神话在很多地方上都有着惊人的相似。

可是在那之前，绳文时代某时期以后，几千年间，日本与照叶树林带构成了一个文化圈。可以想象在这么长时期内，日本的神话大多是由照叶树林带传播来的。并且其中历经这段时期而得到延续的、最为重要的神话一定是本来生长在热带的薯类和果树的起源神话，以及从被杀死并破坏了的神的尸体上产生

神话的考古学 | 199

了最初的作物的神话。基于这一神话，当时的人们用土偶来制作并且杀死身为作物母体的女神的仪式一直连绵不绝，直至绳文时代末期。也可以想象，在同一时期也存在着拥有同样意义的猎头或是食人的仪式。到了古坟时代，作为皇室神话而得到统编的神话当然会在很多地方都把以前在日本讲述过的神话作为材料吸纳进来。就这样，日本人最终在拥有和希腊神话有很多类似点的神话的同时，也拥有了很多地方和由照叶树林带诸民族所口传下来的神话非常类似的神话。

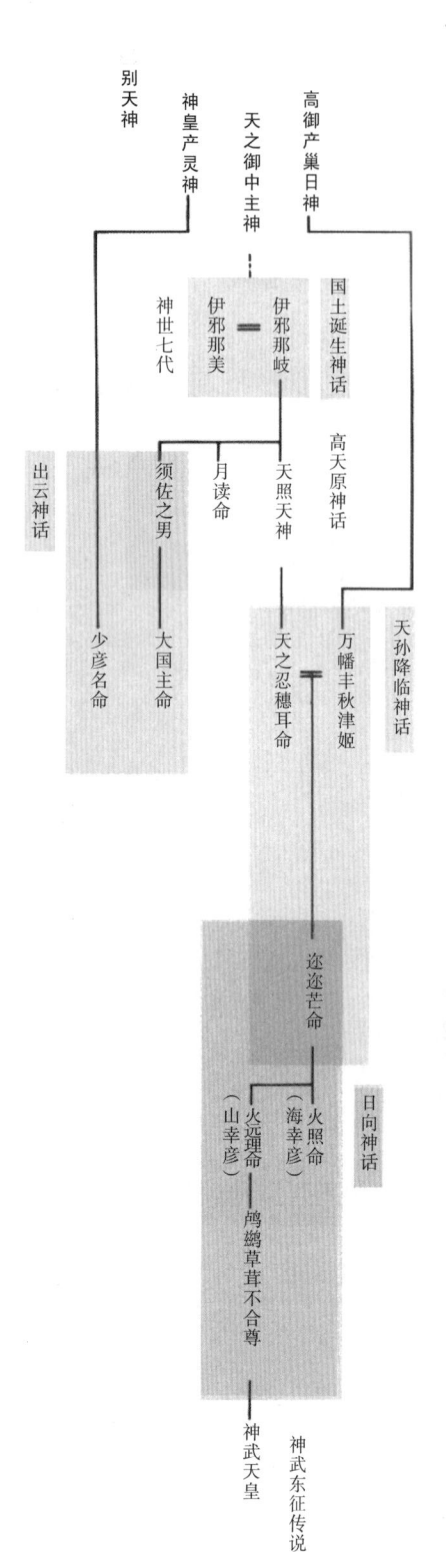

日本神话的谱系

日本雾岛神社，供奉着迩迩艺命。这里会举行和天孙降临相关的散谷祭

日本鹿儿岛县雾岛连山的主峰高千穗峰。这里也是天孙降临的传承地之一

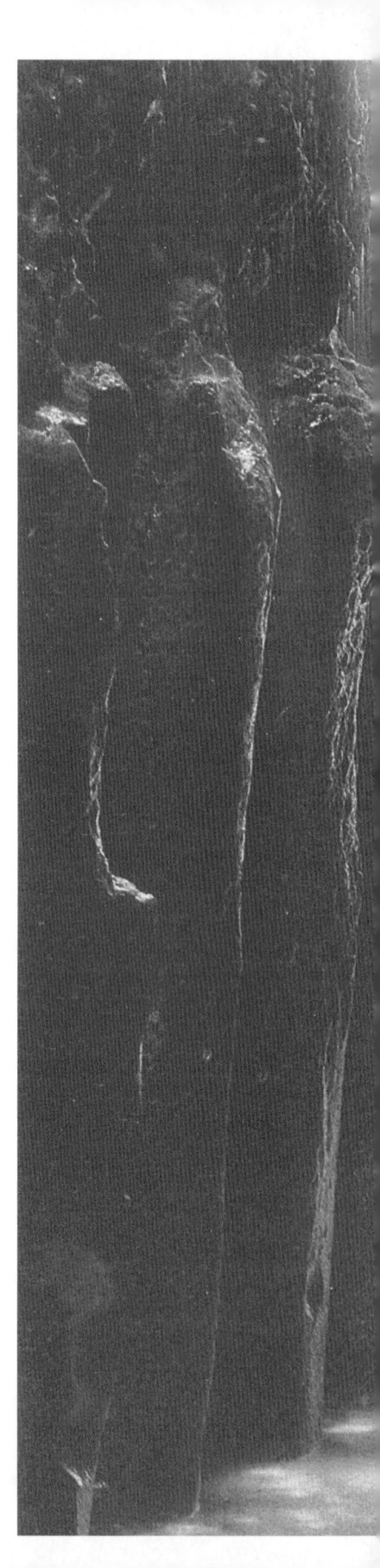

大分县
长崎县
阿苏山▲
熊本
国见丘
高千穗神社⛩ 高千穗峡
绿川
熊本县 五濑川
球磨川
宫崎县
雾岛山
大淀川
宫崎
川内川
高千穗峰
雾岛神宫⛩ 青岛神社⛩
隼人冢 鹈户之窟
鹈户神社
鹿儿岛
太平洋
鹿儿岛县
0 50km

高千穗峡谷，由五濑川的河水侵蚀阿苏山的熔岩而成。此地具有一种让人不由联想起这里就是天孙降临之地的神秘气氛

刻画出统一了埃及而成为第一任法老的胜利的美尼斯的石板（开罗美术馆）。在埃及，像这样为了凸显法老作为现人神的神性，而经常将法老的画像放大。而整个法老大军的胜利也被认为是作为神明的法老一人的杰作

五、否认日本神话作为神话的学说的误点

因为日本神话是明确地主张所谓皇室的神圣性和正当性，拥有如此露骨的政治目的而被编制出来的故事，所以有人认为称之为神话是不正确和不科学的。可是，事实上正是提倡这种说法的人们自己完全没有理解通过现代研究而变得明了的、所谓的神话的本质。

任何时代，任何地点，人类文化中的神话通常都是在说明并使人接受束缚当地人的制度为什么是神圣的，为什

在埃及地下沉睡的法老，埃及吉萨大金字塔

么大家不得不遵守它而活下去。在拥有食人或是猎头制度的文化当中，诞生了说明这一行为的神圣性和正当性的神话。再如，在拥有为了让少年成熟而给予其各样很严重虐待，甚或让其负伤的制度的文化中，说明为什么这一行为是神圣并且是必要的神话就诞生了。如果神话的说明失去让人信服的力量的话，这个文化就会立刻失去生命，永远崩坏掉。

　　正是人们如同敬神般崇拜帝王，愿意接受他的支配并生活下去，所以在古代埃及、美索不达米亚、非洲、东南亚、中美洲等各处都诞生了说明这样的"神的王"的制度为何是神圣且必要的王权神话。在皇室的支配权确立的过程中诞生的日本的神话也绝对不是例外。

　　不仅如此，日本神话中确实拥有一些其他地域的王权神话中看不到的独特之处。并且这样的特点恐怕并没有伴随天皇制的变化而变化，而是构成了日本文化中不可缺少的制度而延续到了今日。通过和世界神话的比较从而弄明白日本神话的特征，也是本书希望尽微薄之力的、研究日本神话的重要课题之一。

附录一

值此专著由讲谈社文库再次出版之际，作为本书的作者不免陷入沉思。

这本书的蓝本是 32 年前由讲谈社出版的现代新书中的一册，而就在前一年，也就是 1974 年，笔者的两本书《希腊神话与日本神话》与《日本神话与印欧神话》分别由みすず书房和弘文堂发行，每本书的标题都含有"日本神话"这四个字。前一本书是由笔者在多处发表的论文汇集而成，后一本书则是以每月连载在杂志上的论文为基础修改而成。《日本神话的源流》最初的构想是形成一个单行本著作。的确，如果说从那时开始一直到今天，笔者一直都在从事所谓的日本神话研究的话，那么这就是写作本书的第二个出发点。

起初，笔者完全是一名门外汉，对日本神话持有学术性的兴趣并且着手进行研究是从巴黎开始的。当时笔者作为法国政府出资的留学生接受杜梅齐尔的指导，进入以古希腊神话为轴心的印欧语系神话的比较研究领域。以此为契机，在杜梅齐尔的明示下，了解到印欧语系的神话在构造和内容上是相通的，并惊奇地发现这些神话与日本神话在诸多方面是如此相似。于是笔者得到杜梅齐尔的鼓励，完成论文"La Mythologie japonaise: Essai d'interprét ation structurale"（《日本神话——构造论的分析尝试》），发表在《宗教史学杂志》（*Revue de l'Histoire des religions*）上，从 1961 年到 1963 年分成 3 期刊载。

除此之外，在法国留学期间笔者发表了两篇有关日本神话的论文。这些论文都是作为笔者进行以古希腊等印欧神话为对象的研究的副产品。归国后，虽然上述的两本著作得以出版，但是当时笔者从事的是以古希腊为主要对象的研究，关于日本神话的鄙见仅仅属于此研究之外的附属派生之物，这种想法没有根本性的改变。

随着两部专著的相继发行，笔者不禁担心起来：自己把日本神话与古希腊神话以及其他印欧神话进行比较并试图全部解释的做法，会不会产生误解？恰巧此时，笔者得到来自讲谈社现代新书的主编邀约的良机。在本书当中，笔者不仅大胆地踏入了一直以来泾渭分明、不敢轻易触碰的专业领域，而且将日本神话比较研究的全貌进行总结。参照这些研究的整体，力所能及其他比较希腊神话及其他印欧神话，力图解释日本神话到底具有怎样的意义。

因此，以这本书为转折点，笔者将一直以来从事的以希腊为主的印欧语系神话比较对象一下子转到了日本神话上，并且带有更多角度的兴趣。自此，希腊神话和日本神话成为笔者做学问的主要研究对象。

在此期间，从1982年开始，笔者进入学习院大学文学部的国文系（现在的日语日本文学系）从事教学工作，在学院和研究生院授课，负责讲解日本神话。这一工作让笔者的神话研究更加深入，更为宏观，自不必说这是一个决定性的转机。

现在想来，曾经在国文学领域纯属一介外行的笔者竟然在日本神话研究上得到业界承认，成为以传统为豪的学科中的一员，受到同行的礼遇，实在是深感荣幸，非言辞所能表达。在此特别鸣谢大野晋、土井洋一、诹访春雄、十川信介诸位先生，以及故人猪野谦二、木村正中、吉冈旷诸师，衷心感谢他们给予深厚情谊。

不管怎样，基于以上所陈述的原因，本书算是笔者真正地从事日本神话研究的起步工作。另外，本书发行之后，以笔者之管见，用这种形式全面概括介绍日本神话比较研究尚未见诸其他作者的书籍，从现代新书最初刊行已30余载，直到现在，这本书也不失为日本神话研究的入门之作。它可以指引读者去发现比较神话的趣味，具有较好的比较神话学的指南作用。

讲谈社学术文库收录本书，期待并祝愿本书可以面向更多的新读者，充当入门和指南，顺应现代文化中越来越重要的与神话对话的趋势，作出些许贡献。

吉田敦彦
平成十九年二月十五日

（此文为1976年日文版《日本神话的源流》学术文库版序）

附录二

本书探讨的课题正如书名《日本神话的源流》所揭示的那样，要为日本的神话刨根问底、追本溯源。为此，作者执笔的目的就是要尽量高瞻远瞩，对截至目前的研究作全方位的透析，力图有理有据，让人信服。所谓日本神话的研究体系，说到底体现在两个方面：一是将日本神话与世界其他民族的神话进行对照，考察其中单个的传说，或者是将诸多故事归纳整理后，在总体上采用一种固定模式进行解释；二是挖掘神话中体现出来的思想，以及这些思想是在何时、经由何地、由哪一种文化传播到日本来的。换言之，本书的任务就是要介绍比较神话学视角下日本神话的研究现状。

众所周知，和本书持有同样目的的著作，当属大林太良在1961年出版发行的杰出的概要性著作《日本神话的起源》。实际上，作为发展势头最为迅猛的科学之一，目前比较神话学的前进速度的确令人吃惊，并且这一科学持续不断地收获最新的研究成果。伴随着世界性学科研究的推进，在过去的15年中，关于日本神话的比较研究，可谓达到了一个面目一新的境界。然而，令人遗憾的是，在这期间层出不穷的研究成果当中，将我们的研究所触及的阶段进行全面性解说的著作尚未问世。

法国语言学家、神话学家杜梅齐尔在研究印欧语系民族神话方面倾尽全力，他得出的结论——古代神话具有共通的构造取得了巨大的成功，这一贡献已为世人熟悉，当然这也是比较神话研究之所以在当今世界兴盛不衰的一个重要原因。近年来，杜梅齐尔的比较研究的方法也被运用到研究日本神话的源流上来。之前，有关日本神话起源的见解在一定程度上已形成定论，而用比较研究的方法产生的结果在许多问题点上都与前者有着根本性的不同，这也给今后的工作带来了新的理解和展望。

从20世纪60年代开始到70年代中期这十多年间的新的研究发现，日本神话无论是在局部细节还是整体构造方面都与印欧语族的古老神话拥有惊人的一致性。进一步的研究发现，日本神话当中的一些传说的根源甚至与希腊、日耳曼、凯尔特等印欧语系诸民族的神话之间具有特殊的类似，这种类似不能简单地认定为纯属偶然。正因如此，才有必要去设想，位处亚欧大陆最西端的印欧语系民族文化圈的神话曾一度影响了日本，乃至对日本古典神话的形成起到了不可忽略的决定性作用。

我们甚至可以推测认为，从印欧语系文化圈开始的神话传播，具体来说首先是经由阿尔泰一脉，其后由游牧民族作为媒介，将活跃在亚欧大陆草原地带的伊朗的游牧民族神话传播到了朝鲜半岛，又经由朝鲜半岛最终传播到日本。而且事实上，我们在斯基泰或者是古代朝鲜诸国的神话中已经发现了许多材料，足以证明这条传播路径的存在。

尤其是近年来，关于印欧语系民族的神话以及朝鲜神话与日本神话之间的比较研究不断推进，之前那些对日本神话体系一成不变的固有认识有所改变，由此产生了新的展望。不过，这并不意味着我们可以确定日本神话的起源正是因为印欧文化圈的影响，日本神话的起源并未得到根本性的说明。其实日本这个国家的语言、民族、文化系统并不是一元的，其神话体系也包含了起源不同的诸多要素，所以最终呈现的是一种复合型的构成形态。与印欧神话进行比较，自然给日本神话的系统论带来革新的视角，但也不能对其他领域进行的比较研究予以排斥。

近年来的研究让我们了解到，可以与印欧文化圈并立、历史上的的确确给予日本神话巨大影响的是中国长江以南直至亚洲东南、中南半岛、阿萨姆这一亚洲东南部地域。最新的研究表明，自古以来就为日本人提供主食的水田稻作以及烧田中五谷杂粮的栽培，这两种形态的农业似乎都是从上述地域相继传播到日本的。自然我们也可以预想到，这两种农耕文化，特别是伴随着稻作而来的神话在日本古典神话中占据着重要的位置。

本书中，作者不仅会参照一直以来关于印欧语系诸民族神话与日本神话的系统问题研究文献，还将对照学术前辈以及同时代学者关于亚洲东南部地域或者大洋洲的比较研究成果，在阐述日本神话体系的问题上，尽可能做到不以偏概全，努力从整体上进行把握研究。

考虑到前后内容的均衡，本书后半部分有关印欧神话影响的论述会缩减篇幅，由此造成的结果可能是无法将自己的想法淋漓尽致地表达清楚。倘若有读者对本书的这个问题感兴趣的话，可以通过大林先生的《日本神话的构造》以及拙作《日本神话与印欧神话》进行扩展式阅读。如蒙大方之家对本书欠缺之处的赐教，作者必将感到万分荣幸。

吉田敦彦

1976 年 1 月

成蹊大学文学部研究室

（此文为 1976 年日文版《日本神话的源流》初版前言）

附录三　吉田敦彦与日本比较神话学

吉田敦彦（1934—　），是比较神话学在当代日本的杰出代表，迄今已出版神话研究方面的著述多达 40 余部，译著 3 部，论文（包括西文和日文）200 多篇。如此丰硕的出版成果，从 19 世纪中叶比较神话学这门学科诞生以来，在世界范围内看也是较为少见的，在亚洲更是名列前茅。在日本学界乃至读书界有广泛的反响，弟子众多，可谓桃李满天下。

吉田敦彦步入神话学领域是从对古希腊神话的钻研开始的，所经历的发展线索是以理论研究和个案研究并重的双向互动。他在 20 世纪 60 年代开始发表西文论文（法文、英文），关注的对象一是结构主义神话理论，二是古希腊神话。1965 年转而涉及日本神话，比较研究的视野就此展开，从此一发而不可收。1970 年发表首篇用日文撰写的论文《罗马神话与印欧神话》，1974 年出版首部专著《希腊神话与日本神话》，随后以平均每年两部专著、七八篇论文的高产速率持续发展至今。其著作中较有代表性的是以下 16 种：

《日本神话与印欧神话》，1974

《比较神话学的现状：杜梅齐尔的影响》，1975

《日本神话的源流》，1976

《天地创造的 99 个谜》，1976

《普罗米修斯与俄狄浦斯：希腊的人类观的结构》，1978

《神话的结构》，1978

《希腊神话》，1980

《神话与近亲相奸》，1982

《日本神话的思想》（与河合集雄、汤浅泰雄合著），1983

《神话的考古学》，1984

《日本神话的特色》，1989

《绳文土偶的神话学》，1986

《妖怪与美女的神话学》，1989

《丰穰与不死的神话》，1990

《俄狄浦斯之谜》，1995

《日本人的女神信仰》，1995

  据吉田氏自述，他读大学时的专业本与神话无关，是在成蹊大学的政治经济学部，后来又到东京大学的大学院学习西洋的古典学，先后掌握了法语、古希腊语等。大学时代对他治学方向影响最大的书是马克思·韦伯的《职业与学问》，从此他立志以学问为职，做一种"单细胞之人"。东京大学在欧洲文明研究方面领先日本，前田护郎教授专精西洋古典学，吉田跟他学习后培养出对基督教神话与古罗马密仪宗教神话进行比较研究的兴趣，并用法文撰写了相关的学位论文。后到法国留学，师事著名的印欧比较神话学专家杜梅齐尔，当时25岁。

  印欧文化的整体研究始于19世纪的德国，当时率先出现的研究课题是从比较语言学方面提出的，即梵语与古希腊语的亲缘性认证。由此认证而带来了印欧神话的相互参照比较，从中再尝试追索分化之前的状况，复原所谓的印欧语族的共通神话。杜梅齐尔以其印欧文化的"三功能体系"说而成为印欧比较神话学的第二代代表人物。[①]吉田氏在其门下受益匪浅，尝试将"三功能体系"说应用于日本神话的分析阐释，同时还在高等研究院听了《古希腊学》《古代文明之比较》等专题讲座。1970年翻译法国著名古典学者韦尔南所著《希腊思想的起源》[②]，后又译英国学者科克（S. Kirk）的《希腊神话的本质》，把比较神话学新方法引进日本。留学结束后曾短期执教于吉奈兹大学文学部任讲师，开设"日本宗教"与"日本神话"两门课程。不久又赴美国的UCLA（加州大学洛杉矶分校），在古典学系从事印欧语文化研究，受到欧洲考古学教授吉姆芭塔丝（M. Gimbutas）影响，关注印欧民族征服之前的史前女神宗教，并反观日本考古界对一万年前的绳文时代偶像的认识，将神话研究的范围扩展到文本之外的史前文化。

  1970年，吉田敦彦带着"欧风美雨"滋养起来的深厚古典学知识返回日本，他把自己转益多师的求学收获称为"大开眼界"。他不仅掌握了印欧语言比较研究的方法和思路，精通希腊、罗马古典文献，而且从吉姆芭塔丝那里学到亲临考古现场从事挖掘作业的田野功夫，这就使他的日本神话研究如虎添翼，比起前辈神话学者如松村武雄、大林太良等的纯文献研究更进了一层。归国后一

[①] 关于杜梅齐尔的三功能理论，中文译介可参看叶舒宪编：《结构主义神话学》，陕西师范大学出版社1988年版；乔治·杜梅齐尔：《从神话到小说》，施康强译，生活·读书·新知三联书店1999年版。

[②] 该书中译本于1996年由生活·读书·新知三联书店出版。

边任教于成蹊大学（后调至学习院大学），开设比较神话学课程，一边开始撰著日文著作，于是有了我们在前面看到的70年代以来的一系列专著。先是1974年问世的《日本神话与印欧神话》和次年的《比较神话学的现状》，一方面介绍欧陆结构主义比较方法和印欧比较神话学的"三功能"理论，一方面从事"西学日用"的日本神话再发掘式研究：把骑马民族的日本古文化放置在印欧游牧文化大背景之下，寻觅日本神话与印欧神话在三功能方面的契合点及本土化的表现方式。这种崭新的思路受到学界关注，并引发相当的争议。于是又有了《日本神话的源流》这样试图从整合视野上正本清源的尝试。由于涉及争议颇大的"骑马民族国家"说——由日本人类学者江上波夫提出的日本文化起源论，吉田氏的印欧比较神话学知识在某种程度上为江上波夫的假说提供了新的论证角度。日本神话学泰斗人物大林太良1961年出版的《日本神话的起源》（角川书店）一书中，已触及日本神话与古希腊神话的相似性问题，但并未说明相似背后的原因。吉田氏认为，北亚大陆上饲育马匹的游牧民族自西向东的迁移给日本神话带来影响，其中起中介作用的是斯基泰人，首先强烈影响到朝鲜半岛，随后触及日本列岛，其时在日本的古坟时期，由游牧民支配的文化在日本文明前史上留下深刻印迹。这样，日本神话与古希腊神话和印欧神话在结构上的对应之处，就可以通过大规模远距离迁徙的斯基泰文化得到解释。不过，由于江上波夫的理论在学界引起很大争议，吉田氏避免直接使用"骑马民族国家"这样的说法，选用了较委婉的"饲育马匹的游牧民"一说。尽管如此，人们还是把他归入江上波夫一派。

综观吉田氏的神话观，结构论的色彩相当浓厚，这是其长处，也难免成为其短处，尤其是套用杜梅齐尔的"三功能体系"分析日本神话乃至中国小说《西游记》，把唐僧与孙悟空视为第一（王权）、第二（武士）功能的化身，沙僧与猪八戒为第三功能（供养）的代表，让人觉得未免有生搬硬套、张冠李戴之嫌。相比之下，吉田氏自觉关注和利用新的考古学资料从事神话研究，倒是值得称道的一个可行方向。80年代以来的论文《绳文土器纹样与美洲原住民神话》（《现代思想》1985年第4期）、《日本神话中的稻作与烧田》（《国语国文论集》，1986年）、《神话与考古学》（季刊《考古学专号》1993年12月）、《昔话》（《研究与资料》1994年第22期）、《绳文宗教的母神与日本人的自然观》（伊东俊太郎编：《从绳文到现代科学》，河出书房，1995年），以及专书《绳文的神话》《神话的考古学》《日本人的女神信仰》等，结合出土器物、符号象征和民俗事项来重新探讨文本神话，是二重证据法乃至三重证据法的有效拓展，使传统神话研究的单一格局得以打破，迈向多学科、多层面的综合性研究，可以说代表了这门学科的未来生长点和一种新的发展前景。

叶舒宪

（原载《民俗研究》2000 年第 2 期）